走进"一带一路"丛书

浙江省社科联社科普及课题（22KPWT06ZD-13Z）

中欧花园
斯洛伐克

龚群辉 著

浙江工商大学出版社
ZHEJIANG GONGSHANG UNIVERSITY PRESS

·杭州·

图书在版编目(CIP)数据

中欧花园——斯洛伐克 / 龚群辉著. — 杭州 :浙
江工商大学出版社，2023.10
（走进"一带一路"丛书）
ISBN 978-7-5178-5125-7

Ⅰ．①中… Ⅱ．①龚… Ⅲ．①斯洛伐克－概况 Ⅳ.
①K952.5

中国版本图书馆 CIP 数据核字（2022）第 168573 号

中欧花园——斯洛伐克

ZHONGOU HUAYUAN——SILUOFAKE

龚群辉 著

出 品 人	郑英龙	
策划编辑	王黎明	
责任编辑	张婷婷	
责任校对	何小玲	
封面设计	朱嘉怡	
责任印制	包建辉	
出版发行	浙江工商大学出版社	

（杭州市教工路 198 号　邮政编码 310012）
（E-mail:zjgsupress@163.com）
（网址:http://www.zjgsupress.com）
电话:0571-88904980,88831806(传真)

排　　版	杭州朝曦图文设计有限公司
印　　刷	杭州高腾印务有限公司
开　　本	880mm×1230mm　1/32
印　　张	5.5
字　　数	128 千
版 印 次	2023 年 10 月第 1 版　2023 年 10 月第 1 次印刷
书　　号	ISBN 978-7-5178-5125-7
定　　价	59.80 元

走进"一带一路"丛书顾问委员会

丁喜刚　新华社前驻达喀尔分社首席记者

王　波　新华社前驻伊拉克共和国、科威特国、沙特阿拉伯王国和巴林王国分社首席记者

刘咏秋　新华社驻罗马分社记者,前驻希腊共和国、斯里兰卡民主社会主义共和国分社记者

陈德昌　新华社前驻希腊共和国分社、塞浦路斯共和国分社首席记者

明大军　新华社前驻曼谷分社、驻耶路撒冷分社首席记者

章建华　新华社驻堪培拉分社首席记者,前驻喀布尔、河内和万象分社首席记者

特别顾问

马晓霖　浙江外国语学院教授,环地中海研究院院长

走进"一带一路"丛书编委会

编委会主任　宣　勇　张环宙　周　烈
编委会委员　赵　伐　马新生　崔　庆
　　　　　　郑淑贞　刘晓静　赵东旭
主　　　编　赵　伐　马新生

‖ 目 录 ‖

开篇

　　说起斯洛伐克,有些人脑海里浮现出来的可能会是捷克斯洛伐克这个名字。其实,捷克和斯洛伐克早在1993年便已经和平分手,各自成为独立的国家。斯洛伐克是一个位于欧洲心脏地带的内陆国家,东临乌克兰,南接匈牙利,西连捷克、奥地利,北毗波兰。国土面积不大,约4.9万平方千米(大概3个杭州市的面积);人口也不多,540多万人。

　　斯洛伐克境内的地形多样而丰富,山区、高地、丘陵、盆地和平原一应俱全,以山地居多,连绵千里的喀尔巴阡山脉穿过整个国家。这里不仅自然风光迷人,山川和湖泊众多,温泉和矿泉资源丰富,丛林密布,而且城堡、教堂等历史文化遗产丰厚,民俗风情多姿多彩。得益于此,到斯洛伐克登山、远足、滑雪、泡温泉、看古堡等,都是周边欧洲国家十分喜爱的旅游项目。因此,斯洛伐克有"中欧花园"的美称。

　　独立于1993年1月1日的斯洛伐克看似历史短暂,但实际上,早在1918年和捷克组成共和国之前,斯洛伐克的概念便已存在。斯洛伐克拥有自己的语言和独具一格的民族文化,虽历经沧桑,饱经磨难,却是一个自强不息的民族。1989年政局剧变后开始社会转型,斯洛伐克为此付出了巨大的代价,经过几十年的奋起直追,终于实现"回归欧洲"的梦想。如今,斯洛伐克是北约、欧盟、申根协议区、欧元区、经济合作与发展组织等重要国际组织的成员国,并继续向更现代化国家迈进。

　　斯洛伐克与中国的友谊源远流长。1949 年 10 月 6 日,捷克斯洛伐克便与中国建交。1993 年 1 月 1 日,斯洛伐克独立后,中国同捷克斯洛伐克签署的条约和协定对斯洛伐克继续有效。中斯双方还商定,保留 1949 年 10 月 6 日为两国建交日期。其后,中斯双方高层互访不断,政治互信加深,经贸合作扩大,在国际事务中相互配合。中国与斯洛伐克在贸易、投资、物流、科技创新、旅游、文教等很多方面,都有着良好的合作与发展。

　　如果你有兴趣走近这个略显神秘的国度,那么就让我们从这本小书入手,一同领略斯洛伐克的前世与今生,感受它的独特魅力吧!

上篇

斯洛伐克的前世

从部落走向国家

在古罗马帝国时期,除了罗马人外,欧洲还有很多其他民族的人,比如凯尔特人、日耳曼人和斯拉夫人。

最早进入斯洛伐克地区生活的是凯尔特人。约公元前 10 世纪初,他们首先在中欧出现。随后的几个世纪中,凯尔特人以武装的部落联盟为单位,向周边地区扩散、迁徙,进行军事移民。鼎盛时期的凯尔特人占据着从葡萄牙到黑海之间的大片土地,几乎可与后来的罗马帝国媲美。今日的斯洛伐克、德国、法国、意大利、西班牙,甚至英国,都曾经是凯尔特人的地盘。"凯尔特人"是罗马人取的拉丁语名字,他们可能并非同一种族。

公元前 5—前 4 世纪来到斯洛伐克地区的是凯尔特人当中的科迪诺夫部落,他们创造了发达的文化,即所谓的拉登文化,不仅掌握生产铁器的技术,用铁犁耕作,还使用旋转石磨和快速制作陶器的圆环等。此外,他们还是中西欧地区最早铸造自己硬币的部落,在如今斯洛伐克首都布拉迪斯拉发地区铸造了根据部落首领比亚特卡名字命名的硬币。凯尔特人在最强盛时期在斯洛伐克地区建立了生产和贸易中心,在布拉迪斯拉发地区用石墙和土墙围成了城市雏形,这里集中了各种手工业和长途贸易,还有坟地和祭祀神灵的圣地。

公元前 1 世纪末期,在斯洛伐克领土上的凯尔特人的统治被日耳曼人的进犯所摧毁。日耳曼人的族源尚无确说,据说是由使用铁器的北欧人与使用青铜器、操印欧语系的波罗的海南岸居民混合而成。"日耳曼人"这一称呼也是由罗马人命名的。公元前51年，罗马恺撒在他的《高卢战记》中使用了"日耳曼人"这个名称。青铜时代晚期，日耳曼人居住在现今瑞典的南部、丹麦半岛以及德国北部等地方。随着铁器的应用、经济的发展和自然灾害的影响，日耳曼人各部落开始南迁，其结果是把居住在中欧大部分地方的凯尔特人给挤走了。到了公元元年前后，日耳曼人已经扩张到多瑙河中部地区，进入斯洛伐克地区，隔着多瑙河，直面与罗马帝国的冲突。

在长达4个世纪的时间里，多瑙河一直是罗马帝国的北部边界线。从公元前1世纪起，随着日耳曼人扩张到斯洛伐克地区，罗马帝国在多瑙河沿岸建造了针对日耳曼人的军事营地和瞭望塔。公元前21年，罗马人还将被征服的日耳曼部落的侍从迁移到摩拉瓦河和瓦赫河之间的地区，并指定日耳曼克瓦德部落的首领瓦尼阿为大王，建立了罗马帝国的卫星国——瓦尼阿公国。前后存在了30年的瓦尼阿公国是如今斯洛伐克领土上第一个国家机构，充当了抵御外族入侵的缓冲地带。

公元2世纪后半期，在斯洛伐克的土地上，罗马人与日耳曼人的马科曼尼部落之间爆发了两次马科曼尼之战（166—172年和177—180年）。在第二次战争期间，当时的罗马皇帝马可·奥勒留亲率罗马军团深入斯洛伐克内地，并在战斗过程中，在斯洛伐克的赫龙河沿岸写下了他的《沉思录》的部分章节。到了公元5世纪前半期，内部的矛盾导致罗马帝国无力抵御日耳曼人部落的进攻，罗马人逐渐放弃了多瑙河沿岸的防御工事。

6世纪中期，新的关键历史力量在中欧的东部边界上酝酿，那就是斯拉夫人。斯拉夫人在这一时期开始群居组团讨生活，学术名词叫作"形成了初级的部落联盟"。他们主要是依靠打猎、捕鱼、养蜜蜂为生，偶尔也养牛放羊。

6 世纪和 7 世纪期间，斯拉夫人的迁移给这片从欧洲中东部延伸到巴尔干半岛的地区带来了新的居民。这些新的到达者称自己为"斯洛韦尼"。新定居者最初由独立的部落组成，操带着不同口音的同一种语言，渐渐地混合和吸收了其他原住族群，发展为更大的部落，随着时间的推移发展为西斯拉夫民族——斯洛伐克人、捷克人和波兰人。

斯拉夫人一开始生活在修筑了防御工事的定居点，耕作共有的土地，喂养作为部落财产的牲口。部落首领在村庄中树立他们的权威，在缺少任何中央集权的条件下保持分散的自治。斯拉夫人从最后一批凯尔特人的科迪诺夫部落那里学会了如何加工铁矿，从日耳曼人的克瓦德部落那里学会了如何打仗，从罗马人那里学会了许多新的手工业技术，经济的发展为成立部落联盟创造了前提条件，但这一积极的进程被来自东部草原的游牧民族阿瓦尔人的进犯破坏了。

到 6 世纪中期，随着来自中亚的阿瓦尔人定居于斯拉夫人居住地以南地区——多瑙河流域低地潘诺尼亚平原（今匈牙利境内），一支新的力量兴起并控制了斯洛伐克地区。阿瓦尔人是生活在中亚及中欧、东欧的游牧民族，他们的君主和其他游牧民族一样也叫可汗。阿瓦尔人创建了中心地带位于多瑙河和蒂萨河之间的阿瓦尔可汗国。骑兵和牧民组成的阿瓦尔人，面对一盘散沙的斯拉夫人，初期在军事力量上占有绝对优势。打不过阿瓦尔人，斯拉夫部落就只好依附他们，向他们交纳实物并被迫参加他们的掳掠行动。

阿瓦尔人扩张到斯拉夫人居住的地区引起了斯拉夫人的普遍不满，从而加速了西斯拉夫人最初的国家机构——氏族联盟的产生。根据弗莱德加的《法兰克人编年史》记载,一位来自日耳曼法兰克王国的名叫萨莫的商人,率领自己的仆从加入了反抗阿瓦尔人严酷统治的斯拉夫部落。在他的努力下,一个斯拉夫部落联盟得以建立,用来保护商人,保卫斯拉夫人的土地。他于 623 年被推举为联盟首领。在萨莫的带领下,这个联盟发展为一个独立地区,可能包括了斯洛伐克西南地区以及摩拉维亚和下奥地利的部分地区,还可能包括波希米亚,大致相当于现今的斯洛伐克、捷克、奥地利等区域。萨莫王国(623—658年)存在了 35 年,它不仅抵御了阿瓦尔人的进攻,还于 631 年击退了法兰克王国军队的进犯。萨莫统治这个王国直到 658年他去世为止,不过这个统一的斯拉夫国家的早期尝试并没有在他死后延续下来,斯拉夫人放弃了国家组织性,回归了部落群聚性。

斯拉夫人、阿瓦尔人、日耳曼人之间进行了长达 200 多年的争斗,谁也无法彻底征服谁。最终,来自日耳曼的一位猛人打破了平衡,让斯拉夫人和阿瓦尔人面临巨大的挑战。在公元 800 年的圣诞节,教皇利奥三世将皇冠戴在了这位猛人的头上,并称他为"罗马皇帝",他就是查理(768—814 年在位),史称查理曼大帝。查理曼大帝,就是现今扑克牌里面红桃 K 的原型,是"罗马人的皇帝",也是德意志神圣罗马帝国的奠基人,他所建立的法兰克王国加洛林王朝,占据了欧洲大面积的土地,因此他被尊称为"欧洲之父"。

查理曼通过在意大利、西班牙北部和德意志发起数次军事战役而扩张他的帝国,其中在德意志的战役给他成长中的帝国添加了萨克森和巴伐利亚。为了确保帝国东部边界地区的安全,查理曼先与斯拉夫人作战,使一些部落臣服。从 788 年到796 年,查理又同居住在多瑙河中游潘诺尼亚一带的阿瓦尔人进行了大规模战争。查理曼的军队攻陷了阿瓦尔人号称坚不可摧的用土木栅围成的环形壁垒,夺取了阿瓦尔人长期掠来的大批财富。

随着阿瓦尔人的战败崩溃,西部和南部斯拉夫人的重新统一成为可能,在查理曼帝国的边界也许就会出现一个大斯拉夫国家。在斯拉夫部落中长期存在着一个传统,允许自由的成年男性在集会时,一起在精英战士的家族中挑选领袖,推选出来的领袖被称为公爵。9世纪初,精英家族开始模糊部落之间的界限,这一过程导致原先独立分散的部落渐渐得到了统一。用这样的方式,摩拉维亚公爵获得了各部落的管辖权,在军事事务上作为领主发号施令,在其统治下,尼特拉和摩拉维亚的斯拉夫公国逐渐形成。833年,尼特拉公国和摩拉维亚公国合并后产生了大摩拉维亚帝国,这是斯拉夫人建立的第一个真正意义上的拥有主权的独立的国家。

大摩拉维亚帝国从一开始就面临着查理曼大帝继承者们的威胁,为了保住自由和独立,大摩拉维亚的统治者拉斯基斯拉夫寄希望于教廷的神权保护,他请求拜占庭皇帝米哈尔三世派遣基督教传教士来传教。863年,米哈尔三世将此任务交给掌握古斯拉夫语的兄弟俩西里尔与美多德。他们来自希腊,那里住着很多斯拉夫人。西里尔与美多德为了去大摩拉维亚帝国传教做了充分的准备工作,他们带来了最古老的斯拉夫文字——格拉戈尔字母,这是西里尔在希腊字母的小字体基础上创造出来的;他们还带来了双臂十字(当时拜占庭外交标志),它后来成为斯洛伐克国徽的组成部分。

大摩拉维亚帝国在斯瓦托普卢克执政期间(871—894年),无论是疆域还是权力方面都达到空前的强盛,不仅占据了斯洛伐克、摩拉维亚和匈牙利的大部分地区,以及捷克和波兰的相当大一部分地区,还于 880 年被置于教廷的直接保护之下。古斯拉夫语也被提升为做礼拜的语言,而在当时只有希伯来语、希腊语和拉丁语才有此殊荣。

　　大摩拉维亚的传统成为斯洛伐克民族努力寻求解放和建立国家的重要组成部分,其文化遗产是所有斯拉夫人的知识源泉。914 年,教皇杨十世将西里尔与美多德载入圣人名册,兄弟俩不仅被认为是欧洲的守护神,还是斯洛伐克民族的圣人。从 1863 年起,西里尔与美多德兄弟俩到达大摩拉维亚的纪念日 7 月 5 日成为纪念他们的圣日。如今,7 月 5 日还是斯洛伐克的国家节日。

斯、匈、奥民族反复争夺的家园

斯洛伐克以便捷的河流、富饶的低地、遍布的森林，以及蕴藏着金、铜和铁等金属的山脉，一直吸引着不同的民族。而作为斯洛伐克首都的布拉迪斯发，地处多瑙河畔，西靠阿尔卑斯山，东部接着小喀尔巴阡山脉，地理位置十分优越，既适合建立防御阵地，也可以通过多瑙河和其他地区相联系，是兵家必争之地。这座城市在历史上受匈牙利、奥地利和捷克的影响，在不同历史时期有着不同的名称。这座城市的名称历史，就是一部斯拉夫人（斯洛伐克）、马扎尔人（匈牙利）以及德意志人（奥地利）的争夺史。

在大摩拉维亚帝国时期，斯洛伐克的土地通常被称为"下摩拉维亚"，而布拉迪斯发因背靠多瑙河，面对小喀尔巴阡山脉，有着易守难攻的优势，成了大摩拉维亚帝国重要的商贸中心和守护都城的防御阵地。然而，这个西斯拉夫人的国家在成立之初就面临着西部法兰克人的威胁，后期又面临着东部马扎尔人的威胁。

马扎尔人的祖先居住在亚欧交界处的乌拉尔山一带，是一个游牧民族。8世纪初，受气候变化以及佩切涅格人攻击的影响，马扎尔人开始向西迁移。896年，马扎尔人在首领阿尔帕德的带领下，翻越喀尔巴阡山，占领了潘诺尼亚平原一带（阿瓦尔人曾经生活战斗过的地方），西迁至此的马扎尔人就是匈牙利人的祖先。

　　占领潘诺尼亚平原后,马扎尔人以此作为根据地,开始征服西欧。此后马扎尔人同斯拉夫人之间发生了多次战争。906年,包括斯洛伐克地区在内的大摩拉维亚帝国的部分地区被马扎尔人占领,帝国随之解体。被马扎尔人打败标志着大摩拉维亚作为"中欧第一个持久性的政治组织和斯拉夫人中第一个具有其本土王朝的国家"的覆灭。历史学家弗兰西斯·德沃尔尼克评价它,"新生的国家屈服于日耳曼人的剑下,随后在马扎尔人的铁蹄下被踏平"。

　　10世纪,马扎尔人建立起匈牙利王国,定都潘诺尼亚平原中部的布达佩斯。斯洛伐克地区成为匈牙利王国的一部分,称呼从"下摩拉维亚"变成了"上匈牙利"。同时,布拉迪斯拉发也有了匈牙利语名称——波佐尼。

　　斯洛伐克地区作为匈牙利王国的一个公爵封地,传统上归匈牙利王位继承人或者国王兄弟管辖。而作为其首都城市的波佐尼,地处当时匈牙利王国与神圣罗马帝国的边境地区,是匈牙利和欧洲发展对外贸易的窗口,因此匈牙利十分重视对这座城市的开发。匈牙利鼓励匈牙利人迁入这里,逐渐将原本的西斯拉夫人驱逐至北部山区一带。在匈牙利的打造下,波佐尼逐渐从一座西斯拉夫人的城市,变成了匈牙利人的城市。

　　1291年,匈牙利国王赋予波佐尼城市特权,使这里成为仅次于首都布达佩斯的重要城市。

　　1405年,匈牙利又赋予了波佐尼"皇家自由城"的称号,其地位得到了进一步提高。伴随着人口的增长和城市的发展,这一时期斯洛伐克地区开采欧洲最多产的矿藏,为这个王国提供银、铜、铁和黄金。矿业和贸易的发展,使得斯洛伐克地区成为匈牙利最富有的区域。然而,匈牙利人对斯洛伐克地区以及波佐尼的统治并不是十分稳定的。当他们逐步稳固政权后,新的敌人又来了。

14世纪,发源于中亚的西突厥乌古斯人卡伊部落,在奥斯曼的带领下宣布建国,成立"奥斯曼帝国"。新崛起的奥斯曼帝国制定了进攻小亚细亚半岛,并向欧洲进军的策略。在占领了小亚细亚半岛后,奥斯曼开始入侵欧洲。

1453年奥斯曼帝国灭掉拜占庭帝国后,又北上进攻巴尔干地区,灭掉了塞尔维亚、罗马尼亚等国家。此后奥斯曼帝国又继续挥师北上,同奥地利、匈牙利等国作战。

1526年,奥斯曼帝国和匈牙利王国爆发战争。当时,奥斯曼帝国在苏丹苏莱曼一世(史称苏莱曼大帝)军事改革之后军事实力得到了极大的增强,而匈牙利王国的军事实力则相对较弱。最终匈牙利战败,首都布达佩斯被占领。

奥斯曼帝国在打败匈牙利之后没有停下征服欧洲的脚步。1529年,奥斯曼帝国继续向着匈牙利的维也纳进军,不过他们对维也纳的围攻以失败告终。奥地利顺势帮助匈牙利打败奥斯曼,并收复了斯洛伐克地区的领土。原匈牙利王国分裂成几部分,包括原首都布达佩斯在内的一部分被奥斯曼帝国占领。斯洛伐克地区的另一部分依旧保留匈牙利王国的名号,匈牙利王国的首都也从布达佩斯迁到了波佐尼,由奥地利哈布斯堡王朝统治,从此布拉迪斯拉发又有了一个德语名称——普雷斯堡。

匈牙利王国度过了在奥地利哈布斯堡家族统治下的300余年(1526—1867年),此后德意志人源源不断地迁入斯洛伐克地区以及普雷斯堡,普雷斯堡的人口结构再次发生变化,匈牙利人和德意志人成为城里的主要民族,斯拉夫人则成了"少数民族"。

不过,奥斯曼帝国从来没有停下过进攻欧洲的步伐,奥斯曼和奥地利的冲突不断。1697年,两国又进行了森塔战役,战败的奥斯曼将之前占领的匈牙利领土割让给奥地利,匈牙利全境成了奥地利的领地。1784年,收回失地的匈牙利王国将首都迁回布达佩斯,但斯洛伐克地区富饶的土地和丰富的资源,以及普雷斯堡重要的地理位置,依然备受重视。

1804年,拿破仑在法国称帝。为回应拿破仑,哈布斯堡王朝的弗朗茨二世将他统治下的奥地利王国、波希米亚王国、匈牙利王国以及位于意大利和波兰等处的领土合并为奥地利帝国。此时的斯洛伐克地区和普雷斯堡都成了奥地利帝国的组成部分。

1849年起,奥地利与普鲁士为争夺德意志联邦霸权展开尖锐斗争。1866年普奥战争爆发,奥地利被击败。普奥战争的战败不仅让奥地利帝国在欧洲的地位下降,还诱发了其国内的动荡。奥地利帝国在当时是一个多民族的国家,国内人口第二多的匈牙利民族占据了帝国近一半的土地,此时见国势不妙也开始准备分家过日子了。奥地利的哈布斯堡王室为了能够苟延残喘,只能放下身段与匈牙利的马扎尔贵族和谈。在维持国家统一的底线条件下,匈牙利人提出要与哈布斯堡王室平起平坐、共享权力。1867年,奥地利帝国迫于局势不得不与国内的匈牙利人妥协,宣布成立一个二元制的国家,即奥匈帝国。此时的斯洛伐克地区成了奥匈帝国境内匈牙利王国的地盘,而布拉迪斯拉发的名称也从普雷斯堡变回了波佐尼。

迈向捷克斯洛伐克共和国

　　大摩拉维亚帝国消失后的几个世纪里,斯洛伐克人从来没有处在一个独立发展自己历史的位置上。生活在匈牙利北部的斯洛伐克人明白,语言和种族特点将他们与马扎尔人、日耳曼人,甚至他们的斯拉夫兄弟捷克人、波兰人和鲁塞尼亚人区分开来。斯洛伐克人缺乏自己的起源神话,我们中国有炎帝和黄帝创造华夏文明,而斯洛伐克却没有。斯洛伐克人还缺乏自己的英雄人物,在早期的发展阶段,虽然大摩拉维亚时期产生了像西里尔和美多德这样的英雄人物,但这些历史人物也被其他斯拉夫人分享。所以,斯洛伐克的民族特性只好跟语言和文学联系在一起。伴随着斯洛伐克语第一次作为一种明确的、独特的斯拉夫地方语言的出现,斯洛伐克民族主义逐渐凝聚在了一起。

　　1517 年 10 月 31 日,日耳曼修道士马丁·路德(1483—1546 年)把他的"九十五条论纲"钉在了萨克森(现德国境内)的维滕贝格宫殿教堂的大门上,由此揭开了欧洲宗教改革斗争的序幕。16 世纪,路德及其追随者创建的路德教义传到斯洛伐克地区,最初在斯洛伐克东部矿业城镇的日耳曼人中传播。从这些城镇开始,路德教义慢慢扩散到斯洛伐克地区的贵族和农民之中。

　　为了更好地培训斯洛伐克地区的路德教牧师,地方教会引进了用捷克语(音译为"比布利蒂奇纳")书写的圣经——《克拉利采圣经》。这一捷克语(比布利蒂奇纳)让斯洛伐克获得了语言立足点,因为它提供了一种可以被斯洛伐克化或者说可以被改编为口头斯洛伐克语的书面语言。在斯洛伐克的路德教教徒用捷克语(比布利蒂奇纳)写作,并且在他们的礼拜仪式中使用。

有宗教改革运动,自然就有反宗教改革运动,耶稣会就是其中坚定的反宗教改革运动的教会之一,其仿效军队纪律制定严格会规,也被称为"耶稣连队"。为了在斯洛伐克宣传他们的教义,耶稣会教士在特尔纳瓦(斯洛伐克西南部城市)利用印刷机来传播用被称为"耶稣会斯洛伐克语"的语言所写作的作品。"耶稣会斯洛伐克语"是受过教育的斯洛伐克人,根据斯洛伐克西部居民方言口音,进行书面化书写,以实现传递信息给斯洛伐克人民的一种语言。

此时的斯洛伐克地区,路德教派的知识分子偏向于用捷克语(比布利蒂奇纳)进行写作,而高等贵族阶层更适应于马扎尔人(匈牙利)的语言和文化,底层的农民则用斯洛伐克语的地方性方言进行交流。

1787年,天主教牧师安通·贝尔诺拉克出版了一部有关哲学的作品,在书中他第一次试图为一种斯洛伐克书面语言建立基础。其后,贝尔诺拉克在布拉迪斯拉发上神学院的时候,又和神学院的其他学生一起,开始创作斯洛伐克语译本的《圣经》。1790年,贝尔诺拉克在借鉴了捷克语语法的基础上,开始他斯洛伐克书面语言的编撰,最终完成并出版了《斯拉夫语语法》一书。

1792年,贝尔诺拉克在特尔纳瓦成立了一个斯洛伐克语学社,推广他自己发明的贝尔诺拉克斯洛伐克语(音译为"贝尔诺拉奇纳")的书面语言。这种新的书面语言,将斯洛伐克中部和西部方言的元素与"耶稣会斯洛伐克语"的特性结合在一起。贝尔诺拉奇纳在形式和结构上非常接近捷克书面语言,不过发音的模式明显不同。贝尔诺拉克在 18 世纪 80 年代晚期,开始着手贝尔诺拉奇纳-德语-匈牙利语词典的编纂工作,最终这部 6 卷本的词典在他去世 12 年后的 1825 年才得以出版。贝尔诺拉克的工作成功地将斯洛伐克语与捷克语分离,不过贝尔诺拉奇纳在当时并未获得斯洛伐克路德教教徒的支持,他们继续用捷克语进行写作。

到 19 世纪 30 年代,扬·科拉尔和帕维·约舍夫·沙法里克开始推广一种通用的"捷克-斯洛伐克"书面语言,以此作为一种共同的文化手段,来团结相邻的斯拉夫人民。在德国求学时,科拉尔接受浪漫民族主义思想,将一个民族看作由语言、传统、地理和血统定义的统一组织。在科拉尔提出的泛斯拉夫版本思想中,存在一个由 4 种语言代表的宽泛的斯拉夫民族:捷克-斯洛伐克语、俄罗斯语、波兰语和南斯拉夫语。贝尔诺拉克曾经把斯洛伐克人纳入马扎尔人统治范畴之内,但是,科拉尔和沙法里克根据他们对斯拉夫古代史、语言和文学的研究,将斯洛伐克人定义为更宽泛的古代斯拉夫文化和传统框架内的民族。其结果是,对于斯洛伐克人来说,必须抵制马扎尔化的民族同化主义政策,并且转向捷克人和一个斯拉夫文化统一体。这个统一体不是建立在旧的捷克语版本的《圣经》基础上,而是建立在一种新的"捷克-斯洛伐克"语言的基础上。

尽管科拉尔和沙法里克的泛斯拉夫理论在很多新教和天主教知识分子中产生共鸣,但还是有很多人拒绝将斯洛伐克人和捷克人联系在一起的民族觉醒的概念,他们认为自己与捷克人没有多少共同的历史。沙法里克于 1833 年移居捷克的布拉格,此后还成了捷克民族觉醒的关键人物。

对泛斯拉夫主义持反对意见的人中,有一位学者名叫卢多维特·什图尔,他认为尽管日耳曼人表现为一个以他们共同语言为基础的独特的民族,但斯拉夫人民及其语言的多样性,阻止了他们形成一个统一的斯拉夫民族。相反,斯洛伐克人表现为斯拉夫民族之内的一个独特的民族共同体,对他们自己的语言和对他们自己的政治事务的一些控制方式都具有天赋权利。

1846 年,什图尔出版了一部作品,以抵制科拉尔和沙法里克对"捷克-斯洛伐克"语言的推广,转而提议就斯洛伐克自己独立的书面语言达成一项共识。什图尔早已在数年前完成了他自己对斯洛伐克语言的整理,由此推出了什图尔斯洛伐克语(音译为"什图罗夫奇纳")。什图罗夫奇纳借鉴了贝尔诺拉克斯洛伐克语的元素,但是使用了斯洛伐克中部的塔特林方言,因为塔特林方言对那些生活在斯洛伐克东部和西部的人来说都更浅显易懂。什图罗夫奇纳刚推出的时候,传教士知识分子普遍不爱用,天主教教徒继续使用贝尔诺拉奇纳,路德教教徒也继续使用比布利蒂奇纳。直到 1851 年的一次妥协,双方才开始慢慢接受什图罗夫奇纳,从此什图罗夫奇纳奠定了现代斯洛伐克书面语的基础。

奥地利和匈牙利组成二元制的国家,这一方案虽然维持了奥匈帝国的表面强国地位,却没能反映出奥匈帝国境内复杂的民族形势。因为奥匈帝国境内除了奥地利和匈牙利这两个主要民族,还存在着第三大主要民族,或者说第三大主要族群,即斯拉夫人。当时在奥匈帝国境内,斯洛伐克、捷克、克罗地亚、波兰、乌克兰和斯洛文尼亚等地区,也都是斯拉夫人为主的"少数民族"地区。虽然这些斯拉夫民族分属东、西、南三大斯拉夫族群,彼此之间也矛盾重重,缺乏认同,但他们的存在却给了俄罗斯这个斯拉夫大国插手其事务的机会,也使奥匈帝国和沙俄之间产生了巨大矛盾。

不过在第一次世界大战之前，奥匈帝国在与沙俄针对斯拉夫民族的争夺中还是一直处于上风。双方之间的第一次直接矛盾出现于1877年，沙俄为了将奥斯曼帝国逐出斯拉夫人聚居的巴尔干地区，联合了罗马尼亚和希腊再次发动了俄土战争并取得胜利。而在胜利之后，沙俄本想在巴尔干地区建立一个由斯拉夫民族联合组成的亲俄政权"大保加利亚"。但这个想法立即引起了奥匈帝国和英国的担忧，因为"大保加利亚"一旦建立，整个巴尔干都会落入沙俄的控制之中。最终，奥匈帝国和英国两国联合施压，沙俄建立"大保加利亚"的企图完全破产，巴尔干地区建立了保加利亚、塞尔维亚、黑山等一串独立的南斯拉夫小国家。而同为南斯拉夫国家的波黑则在奥匈帝国和英国的主持下，名义上虽然维持奥斯曼统治，实际上却由奥匈帝国代管。正是奥匈帝国在波黑的驻军，完全阻断了沙俄向塞尔维亚派驻军队的通道，沙俄将巴尔干地区纳入自己势力范围的企图也宣告失败。

为了完全将沙俄排挤出巴尔干，奥匈帝国又先后与德国和罗马尼亚签订了共同防御条约，并在1887年与英国和意大利建立了地中海三帝同盟。一时间，奥匈帝国在与沙俄争夺巴尔干的斗争中占据了绝对优势。

1908年，奥匈帝国在巴尔干再次取得重大胜利。就在这一年，奥斯曼帝国发生政变及内乱，奥匈帝国则看准时机，正式吞并了一直代管着的波黑地区。此举虽然招致塞尔维亚和沙俄的强烈不满，但塞尔维亚国力有限，沙俄则刚刚经历了日俄战争的惨败，无力再在欧洲重启战端，奥匈帝国白捡了波黑5万平方千米的领土。

但让奥匈帝国万万没有想到的是，趁乱吞并波黑不但没有使其复兴,相反却一步一步地将其带入了完全崩溃的境地。

一来是因为前文提到,奥地利之所以给匈牙利平等的地位,就是因为在 1867 年人口第二多的匈牙利民族占据了帝国近一半的土地,匈牙利人见国势不妙也开始想分家过日子了。给予平等的地位,成立二元制的奥匈帝国,那都是奥地利人不得已而为之。其实奥地利内部一直想找机会重新降服匈牙利,一举恢复奥地利帝国的荣光,而吞并波黑给了这些人一个绝好的机会。在吞并波黑之后,奥地利人发现帝国境内斯拉夫民族的人口总数也已经接近匈牙利人,而这些斯拉夫民族主要分布于匈牙利的管辖区域内。所以这时奥地利有人开始鼓动给境内的斯拉夫民族也单独划出一块自治领土,把斯拉夫人提高到和匈牙利人同等的自治地位,把奥匈帝国从奥地利-匈牙利二元制变成奥地利-匈牙利-斯拉夫三元制,而这么做的根本目的无非是想借机削弱匈牙利势力,使奥地利重新获得奥匈帝国的主导权。虽然该方案最终也没有实施,但奥地利与匈牙利之间的矛盾就此进一步深化了。

二来是因为波黑境内居住着大量塞尔维亚人,其实塞尔维亚也是一直对波黑虎视眈眈的。1908 年,塞尔维亚因为自身国力不够,只好忍痛接受了奥匈帝国吞并波黑的事实,但也一直在找机会挽回这种损失,而这个机会在 4 年之后到来了。1912年,塞尔维亚联合希腊、保加利亚和黑山组成巴尔干联军,向当时已经进一步衰落的奥斯曼帝国发难,发动了第一次巴尔干战争,并最终战而胜之,从奥斯曼帝国手里夺取了大量巴尔干领土。而塞尔维亚等南斯拉夫国家的胜利,反过来又激起波黑地区斯拉夫人民族情绪的极度高涨,最终促成了 1914 年 6 月 28日由塞尔维亚民族主义团体"黑手会"策划的刺杀斐迪南事件。奥匈帝国于 1914 年 7 月 28 日对塞尔维亚宣战促使了第一次世界大战爆发。

当时奥匈帝国认为塞尔维亚根本就不敢打，而且就算真的打起来也是奥匈帝国胜算比较高，因为没有人会帮塞尔维亚。结果同是斯拉夫民族的沙俄，一听到塞尔维亚被欺负，还是被和自己抢巴尔干的仇人给欺负了，立马就向奥匈帝国宣战了。

按照当初的三国协约（英、法、俄），英、法两国当然要帮俄国，而按照三国同盟（德、意、奥），德、意两国当然也要帮助奥匈帝国。德国人先下手为强，取道比利时去打法国。英国当时是欧洲的老大，又是协约国的成员，再加上战前英、德两国在非洲为了争夺土地也有一些零星的冲突，于是立马就向德国宣战了。最出乎意料的是意大利，当时整个意大利根本就没有人想要打仗，战争刚爆发，意大利马上就宣布了中立，德、奥两国当时的愤怒可想而知。

1914 年 8 月，俄国进攻德国东线，在东普鲁士地区爆发了坦能堡战役。俄国凭借着两个师 30 万人对抗德国一个师 15 万人，结果俄国居然还打输了，超过 20 万俄军在这场战役中伤亡或者被俘。俄国沙皇尼古拉二世把矛头全部指向这场战争的始作俑者奥匈帝国。于是，双方爆发了加利西亚战役，在双方总共损失了 65 万兵力之后，俄国险胜。

作为"一战"起源的奥匈帝国和塞尔维亚这边，因为奥匈帝国以为塞尔维亚很弱，所以只派了两个军团来包夹。而塞尔维亚则是完全没有准备，兵也来不及征，枪也不够多，甚至有很多军人连军服都没有，只得穿着便服临时上战场。结果第一次双方的会战，塞尔维亚竟然还打赢了。

到了 1915 年 4 月，中立国意大利私底下和英、法、俄三国签署秘密条约。5 月意大利要退出同盟国，加入协约国，并向德、奥两国宣战。这使本就疲惫的奥匈帝国陷入了绝望的两线作战。1915 年 6 月至 1917 年 12 月,意大利和奥匈帝国在边境伊松佐河地区进行了 12 次战役(史称伊松佐河战役),双方都打得精疲力竭。

1916 年 2 月,凡尔登战役爆发,号称是史上代价最高的战役。德、法两国在 10 个月内只为了往前推进两千米,牺牲了 30 万人,还有将近百万人受重伤,最后法国险胜。这场战役也成为整个"一战"的转折点。1916 年 6 月,英法联军与德国又爆发索姆河战役,这场仗只打了短短 4 个月,结果双方死亡 130 万人,还战成平手,创下了"一战"单场战役史上伤亡人数最高的纪录,因其残酷性被称为"索姆河地狱"。到了 1917 年后,世界各国的军人和百姓开始意识到这将会是一场永无止境的战争,原本说好 3 个月就结束,结果打了快 3 年还分不出胜负。1917 年 3 月,俄国人民最先受不了了,爆发了二月革命,退出了战争。1917 年 4 月,美国加入战争,正式对德国宣战。

眼看战局急转直下,奥匈帝国皇帝卡尔一世为了保住帝国,开始与英、法秘密和谈,但由于不愿割让领土给意大利,谈判最终破裂。1918 年,这一情况意外泄露,奥匈帝国的国民对皇帝的无能十分不满,帝国内的独立呼声和民族矛盾越发高涨。面对彻底激化的民族矛盾,卡尔一世允许各地建立自治政府,给予少数民族自治权。他寄希望于一切也能像 1867 年安抚匈牙利一样,保住帝国。但正是这一决定,让各民族获得了开展独立运动的机会。1918 年 11 月,随着德国战败投降,各民族相继宣布独立,内外交困的奥匈帝国按民族分裂为奥地利、匈牙利、捷克斯洛伐克等 10 多个国家。帝国随之覆灭。

捷克斯洛伐克第一共和国的建立,是军事冲突、国际环境、奥匈帝国的战败和瓦解等因素共同作用下,国内外的捷克人和斯洛伐克人一起努力,从而实现从奥匈帝国独立的结果。这个新的捷克人和斯洛伐克人的民族国家包括前奥匈帝国 1/4 的人口、1/5 的领土和 2/3 的工业基础。西富东穷的捷克斯洛伐克包括了 700 多万捷克人、200 多万斯洛伐克人、300 多万日耳曼人、75 万匈牙利人、50 万鲁塞尼亚人以及 8 万波兰人。捷克斯洛伐克 49％的人口居住在波希米亚，22％在斯洛伐克，19.6％在摩拉维亚，其余的在西里西亚和鲁塞尼亚。1920 年 2 月 29 日，在首都布拉格召开的临时国民大会正式批准捷克斯洛伐克第一共和国的民主宪政制度为"一个捷克人和斯洛伐克人的国家"。两院制的国民大会包括由 150 名任期 8 年的议员组成的上议院和由 300 名任期 6 年的议员组成的下议院。普选权和比例代表制决定了国民大会的构成。由国民大会选举任期 7 年的总统并且批准总理的部长提名。宪法指定"捷克斯洛伐克语"为官方语言，意在表示在共和国内捷克人和斯洛伐克人是平等的。

大萧条与"二战"爆发

人们常说战争没有赢家,但是美国就是第一次世界大战的最大赢家。"一战"就像一台大型的粉碎机,不但粉碎人命也粉碎金钱。仗打着打着,欧洲曾经的列强们都逐渐捉襟见肘,它们不约而同地找美国借钱。找美国人借钱也挺有意思:约定好利息和手续费,借来的钱还没到口袋,就又找美国人买了物资。4年战争打下来,美国不但还清了先前的债务,还摇身一变成了债主,英国、法国、意大利等各老牌帝国都欠着美国几亿到几十亿美元不等的债务,尤其是英国,战前美国欠它 30 亿美元,战后它反而欠了美国 47 亿美元。

"一战"后的 20 世纪 20 年代,美国人处于极度的乐观之中:经济高速发展,维持着极高的增长率;商业高度繁荣,消费主义盛行;科技飞速进步,大工业生产热火朝天,确保了更便利的生活。1900 年还是遍地马车的纽约街头,1920 年已经全是汽车,连生产线上的蓝领工人们都在探讨如何买自己的第一台汽车。与此同时,股市高歌猛进,房地产泡沫越来越大。比如仅有 7.5 万人口的小城市,竟有 1/3 的人是房产中介,房价年涨幅达到 3—5 倍。华尔街的银行家们还设计出各种各样的优惠贷款和分期贷款来推波助澜,让一切变得可能。掏几十美元首付就能开一辆汽车回家;掏个手续费就可以开户炒股,本金全靠借;掏几百美元就能搬进一套新房子里,其他费用全靠贷款。在经济繁荣、货币贬值的时代,人们都坚信谁贷款早,谁贷款多,谁就是赚到。在全民高杠杆和投机下,当时的股市和证券市场异常火爆,慢慢就偏离了美国经济的真实情况。

1929 年 10 月 23 日,美国道琼斯指数当天暴跌 40%,10 月 24 日,也就是后来所称的"黑色星期四",《纽约时报》报道称,前一天"雪崩式的抛售"创造了"史上最大跌幅之一"。然而,糟糕的还在后头,美国股市从此开启了暴跌模式。纽约股市崩盘直接引发了 1929—1933 年的全球经济危机。在整个大萧条中,美国累计破产企业 8 万多家,倒闭银行 1.1 万余家,失业人口超过 1400 万,流离失所者近 200 万。据统计,大萧条最高峰时,有 3400 万美国人没有任何收入。

波及全球的大萧条在随后的一年里袭击捷克斯洛伐克。工业生产立刻进入衰退,其中对轻工业的打击尤其猛烈,特别是在日耳曼人聚集的边境地区。工业企业的生产直接降到大萧条前的 60% 水平,对外贸易急剧下降,到了接近极限的水准。随之失业人口急剧上升到 100 多万。在斯洛伐克和鲁塞尼亚,危机甚至变得更加严重,高失业率与政府在社会福利方面的削减,一起导致大量人口得不到任何方式的支援。恶化中的危机和政府迟缓的反应,引发了一系列公众示威活动和罢工。1930—1933 年间,警察和宪兵在应对示威者和罢工工人时导致 29 人死亡和超过 100 人受伤。政治生活的日趋激进,使民众对左翼共产党和右翼法西斯分子与极端分子的支持不断增长。

在斯洛伐克地区,由于大萧条期间农业的持续恶化,很多人质疑捷克斯洛伐克民主的效率,并且支持以民族自治来代替捷克斯洛伐克的中央集权。1932 年 6 月,斯洛伐克知识分子中新兴一代的代表们在特伦钦(斯洛伐克西部城市)附近的特雷普利采小镇召开斯洛伐克青年代表大会。聚会很快发展成支持斯洛伐克自治的集会,很多代表公开抨击中央集权的捷克斯洛伐克国家和资本主义制度,这些都被认为对斯洛伐克糟糕的经济现状负有直接的责任。

大萧条发生后,为了保护本国企业和就业,各国纷纷提高关税。美国首先将进口关税提高到 47%;加拿大报复性地提高到 50%;意大利和西班牙报复性地对美国进口汽车征收 150% 的关税,对半导体产品征收 100% 关税;由于钟表业关税上升到 260%,瑞士直接全国抵制美货;随后,法国等欧洲十几个国家都开始采取进口配额制;奥地利宣布国家财政破产;英国放弃了金本位制。这一系列举措,令全球贸易总量减少了 2/3,更改变了整个世界的命运。

德国本来就背负着战争赔款,被各种条约限制贸易,大萧条导致的国际贸易剧减使德国经济雪上加霜,德国的失业人数一度超过 600 万,占当时全部人口的 1/10,占就业人口的一半以上。那些受害的"一战"老兵纷纷上街要求政府给说法,挨饿的穷人也纷纷提出抗议,整个国家民族情绪高昂,在困顿中全体民众走向了拥护法西斯的路线。

纳粹登台两年后,德国的国力日渐恢复。1935 年 1 月,被分离出去的萨尔区通过一次全民公决,以压倒性优势决定重新并入德国。1936 年 3 月,希特勒实施了一次极为冒险的军事行动,派遣一支由 2.2 万人组成的军队和一支警察部队开进莱茵兰地区。国际社会对希特勒的胆大妄为一再姑息,严重助长了希特勒的嚣张气焰。1938 年 3 月,奥地利又被强迫"合并"到德国,成为德国的一个省,对此,唯有英国表达了一下抗议。

在德、奥合并后,帝国一举获得了 500 万—600 万的人口、武器生产的新资源,以及防御极大改善的新边界。此时的希特勒已经开始相信,如果德国进攻捷克斯洛伐克,波兰将不会在它的边境开展军事行动进行回击,同时英国和法国也不太可能投入捷克斯洛伐克的防卫,因为这样也许意味着将一个地区性问题升级为一场更大的战争。由此,捷克斯洛伐克的苏台德日耳曼人,成为德国下一步肢解捷克斯洛伐克可以利用的工具。

1938年,随着苏台德危机的恶化,捷克斯洛伐克政府开始相信战后的条约和协议事实上并不能带来外国援助从而对抗德国。此时的英国奉行绥靖政策,首相张伯伦居中调停,在他看来,捷克斯洛伐克的位置使得英国、法国和苏联对这个国家的防卫几乎是不可能的。1938年9月15日,张伯伦与希特勒举行会晤,会见中,希特勒态度坚决,张伯伦不仅没能制止,反而在会后协同法国一起向捷克斯洛伐克进行施压,希望他们满足希特勒的要求。

1938年9月29日,英国、法国、德国、意大利四国在慕尼黑召开会议,讨论苏台德危机,却将当事国捷克斯洛伐克以及另一个协作国家苏联排除在外。在慕尼黑会议上,四位首脑接受了一份由德国起草并由墨索里尼提交讨论的草案。这就是《慕尼黑协定》,全称为《关于捷克斯洛伐克割让苏台德地区领土给德国的协定》。协定支持德国对苏台德地区的占领,结果是大约282.5万日耳曼人、接近80万捷克人以及2.8万平方千米从未是德国一部分的领土被占领。被占领的地区包含捷克斯洛伐克80%的纺织品、玻璃制品和化学制品企业,还有超过70%的钢铁制造和大量黑煤的储备。第二天,张伯伦召来了捷克斯洛伐克的代表,通知他们苏台德地区的命运已经得到裁决,他们在这方面的任何回应都将是没有价值的。带着通过《慕尼黑协定》成功避免战争的信心,英国首相张伯伦和法国总理达拉第随后在大众的一片赞誉声中回到各自的祖国。尽管这次和解最后既没有阻止捷克斯洛伐克被分割,也没有避免战争的爆发。

吞并苏台德地区，并没有满足希特勒的胃口。没过几个月，希特勒就找到了新的可以利用的借口，那就是斯洛伐克民族独立自治。希特勒确信，一份斯洛伐克独立宣言及其导致的捷克斯洛伐克瓦解，将会既允许德国夺取波希米亚和摩拉维亚，又不会把英国和法国拖入军事冲突。1939 年 3 月，德国与捷克斯洛伐克的内奸狼狈为奸，里应外合，逼迫捷克斯洛伐克老总统哈查签署了事先准备好的一份请求德国武力保护波希米亚和摩拉维亚的文件。而与此同时，德国对捷克斯洛伐克的入侵已经开始。4 支德国军事纵队贯穿了这个国家，只遭遇到零星的抵抗，一直进军到斯洛伐克的瓦赫河。对于斯洛伐克人来说，斯洛伐克得到了德国的保护，还建立了以约瑟夫·蒂索为首的傀儡政权。德国掌握着斯洛伐克的外交政策和军事事务的权力，境内驻扎着德国军队，并且有权得到斯洛伐克的资源。

当希特勒在波兰问题上故伎重演的时候，被希特勒捉弄得筋疲力尽的国际社会终于清醒过来，这一次，波兰没有满足希特勒的愿望——第二次世界大战全面爆发，全世界为之付出极为高昂的代价。

对于蒂索政权来说，独立显得比预期更加难以捉摸，德国当局持续在斯洛伐克扩展他们的影响力，进入几乎每一个行政领域，一心想要使斯洛伐克政府的行动与德国政策相一致。为了避免斯洛伐克的完全纳粹化，蒂索和他的部长们以一种将自己推向几乎接近于傀儡政权的方式，试图向希特勒的纳粹德国妥协。

傀儡政权的斯洛伐克参与了 1939 年 9 月德国对波兰的入侵。当外交部部长朱尔钱斯基在其他方面试图去追求一条对斯洛伐克有益，而不仅仅是服从德国需求的外交路线的时候，希特勒召唤蒂索前往萨尔茨堡参加会议。在那里,希特勒要求朱尔钱斯基离职,并由更加激进和亲德的图卡取代。德国人提醒蒂索,斯洛伐克的独立事业是有限制的,并且派遣德国顾问前往斯洛伐克,意图将他们安插在布拉迪斯拉发的重要政府岗位上。

作为 1940 年 11 月签署《三国同盟条约》的结果,傀儡政权的斯洛伐克成了轴心国的一部分,并且与德意志帝国的军事和外交计划有了更加直接的联系。这导致蒂索政权于 1941 年 6 月向苏联宣战,并且指派大约 5 万名斯洛伐克武装部队的成员参加巴巴罗萨行动。不过随着德国的部队进入苏联,大量的逃兵减少了实际进入苏联的人数。1941 年 12 月 12 日,日军袭击珍珠港 5 天以及德国向美国宣战 1 天之后,蒂索政权也向美国和英国宣战。尽管对作战普遍缺乏热情,斯洛伐克部队还是于 1942 年进发到较远的高加索地区。不过在 1944 年的前几个月里,这支分队被重新部署到意大利,在那儿,部队主要被分配从事修建防御工事的工作。

1941 年 9 月,一项由内务部部长萨诺·马赫在纳粹党卫队的协助下炮制的犹太人法令,引入了遵循纳粹规则的种族等级划分。1942 年 3 月,德国和蒂索政权之间签署了一份协议,开启了运送斯洛伐克犹太人前往集中营的途径。从 3 月到 10 月,宪兵和党卫队的成员共运输接近 6 万名犹太人前往纳粹德国和德国控制的波兰地区,他们中除了几百人外全部死在了集中营。到 1942 年秋天,蒂索收到了斯洛伐克犹太人在奥斯维辛、索比堡和其他在波兰的集中营中被杀害的报告。作为回应,蒂索其后拒绝驱逐留在斯洛伐克的 2.4 万名犹太人。犹太人被控制在斯洛伐克的劳改营里,由赫林卡卫队进行监视。因此,希特勒非常不满于蒂索政府拒绝实施更加严厉的对待斯洛伐克犹太人的措施。

　　1943年春天,希特勒在萨尔茨堡召见了蒂索,要求得到一个更加严厉的犹太问题解决方案。不过运送犹太人的进度并没有真正得到恢复,直到1944年德军进入斯洛伐克。在这一年的最后几个月里,接近1.3万名犹太人被驱逐。大约6000名犹太人设法逃到了匈牙利,还有几千人在隐匿或者打游击时,被杀害在斯洛伐克土地上。到战争结束,集中营和战争岁月中的种族灭绝暴力行为,夺走了超过6万名曾经生活在斯洛伐克的犹太人的生命。

战后时期与苏式政权

"二战"初期，许多斯洛伐克人就选择公开或者作为抵抗组织的成员来反对蒂索的傀儡政权。一些斯洛伐克人离开他们的祖国，加入由卢德维克·斯沃博达将军领导的捷克斯洛伐克第一军团，与苏联红军一起战斗。与此同时，另一些人加入由鲁道夫·维斯特将军率领的在法国的捷克斯洛伐克部队，与英国、法国军队一起战斗。

1943 年 12 月，古斯塔夫·胡萨克、卡罗尔·斯米德克和斯洛伐克共产党，与包含约瑟夫·莱特里赫和扬·乌尔西尼在内的拥护民主的公民集团代表一起创立了斯洛伐克国民委员会（SNR），作为协调斯洛伐克境内的抵抗活动的中央主体。1944 年 8 月，斯洛伐克抵抗组织在扬·戈里安带领下发动了斯洛伐克民族起义（SNP）。自由斯洛伐克电台发送爱国广播支持起义，号召斯洛伐克人协助抵抗组织推翻傀儡政权的统治，从德国人手中解放这个国家。斯洛伐克国民委员会向全国宣布他们重建捷克斯洛伐克国家和介入同盟国从纳粹手中解放欧洲的目标。在斗争最初的日子里，斯洛伐克抵抗组织在战场上只有 1.8 万人，对抗蒂索当局 8.5 万人，经过动员后增加到 6 万人，但军队还是缺乏反坦克武器和重装甲车辆，只有 6 辆坦克和几架老式飞机。到 9 月中旬，德国人在斯洛伐克投入了 4.8 万名士兵，包括 4 个纳粹党卫军师、2 个德国师和 1 个联盟的斯洛伐克军团。10 月，德国人又从匈牙利调来 3.5 万名士兵和重装甲来围剿斯洛伐克抵抗组织,起义最终失败。

起义失败的 2 个月之后,1944 年 12 月,前进中的苏联和罗马尼亚军队终于从纳粹控制中解放了斯洛伐克南部。接着在 1945 年 1 月,苏联红军又解放了斯洛伐克东部重镇普雷绍夫、科希策和巴尔代约夫。3 月 25 日,苏联红军又夺取了班斯卡·比斯特里察,随后在 4 月 4 日,红军抵达并解放布拉迪斯拉发。蒂索当局逃往奥地利,接着在 5 月 8 日,正式向美国投降。就在同一天,德国向苏联投降。

随着"二战"结束,捷克斯洛伐克恢复了主权。《慕尼黑协定》签署之后发生的事件给国家和人民造成的破坏是显而易见的:大约 40 万人丧生,其中绝大部分是平民;鲁塞尼亚转让给苏联,缩减了国家的面积;仅斯洛伐克遭受的战争损失就达到 1145 亿捷克斯洛伐克克朗,相当于斯洛伐克 3 年国民收入的总和。战后还出现了人员的大流动。成千上万的人从集中营和战俘营返回家园,1938 年被匈牙利政府驱逐的斯洛伐克人重返故里,德意志人则被遣返回德国。匈牙利人被取消了斯洛伐克籍。两地进行了一部分居民互换,大约 7.3 万斯洛伐克人从匈牙利迁回斯洛伐克,大约 7.4 万匈牙利人从斯洛伐克迁到匈牙利。此后,斯当局对 40 多万滞留在斯洛伐克境内的匈族人采取了激进的同化政策,还有 4.4 万名匈族人被强制流放到被清除出捷克的德意志族人居住过的捷克边境地区。1948 年以后,斯洛伐克境内的匈族人的生存环境才逐步得到改善。

在政治领域,1946 年 5 月,捷克斯洛伐克举行了首次立宪会议的选举。在捷克,捷克斯洛伐克共产党获得 40% 的选票,民族社会党获得 24% 的选票,人民党获得 20% 的选票,社会民主党获得 16% 的选票;在斯洛伐克,民主党获得 62% 的选票,斯洛伐克共产党获得 30% 的选票,剩余的选票由自由党和劳动党获得。捷克斯洛伐克共产党的领导人克雷门特·哥特瓦尔德成为捷克斯洛伐克的总理。通过 1945 年 6 月、1946 年 4 月和 1946 年 6 月的 3 次"布拉格协议",斯洛伐克在共和国的自治地位明显削弱。

在经济领域,根据 1945 年 10 月贝奈斯签发的关于国有化的总统令,银行、保险公司、主要的工业部门和就业人员超过一定数量(150—500 人不等)的工厂都实行了国有化。在斯洛伐克,拥有 57.7% 就业人员的工厂被收归国有。其他的总统令还规定没收通敌分子、战犯、所有的德意志族人和匈族人的财产。1946 年 10 月,立宪会议通过了 1947—1948 年的两年计划,这是捷克斯洛伐克战后关于计划经济的首次尝试,主要目的是完成战后的经济复苏工作和努力达到战前的生活水平。在斯洛伐克,不仅要复兴被战争破坏的经济,还要通过建立新工厂、扩大生产规模等途径为有计划的工业化打下基础。两年计划确定了对斯洛伐克的投资为 221.4 亿捷克斯洛伐克克朗,占全国投资总额的 31.6%。

在政权斗争中,1948 年 2 月,捷克斯洛伐克共产党通过"二月事件"夺取了全面执政的权力。"二月事件"以内务部部长诺塞克命令 8 名非共产党人的地区警察局长转移出布拉格为导火线,12 名非共产党人部长集体辞职进行抗议,在捷共组织了一次 25 万名群众集会和一次 250 万人一小时罢工活动进行施压后,贝奈斯总统向捷共让步,接受了 12 名非共产党人部长的集体辞职,并且签署了捷共领导人哥特瓦尔德建议的政府重组方案。"二月事件"后,捷克斯洛伐克共产党进一步接管了政权,共产党人在政府机构、企业、学校、民族委员会、政治组织中的影响力与日俱增。尽管在 1960 年颁布的宪法中才确定共产党的领导地位,但实际上从 1948 年起共产党的地位就已基本确定,反对党派、团体和非共产党人的机构被取缔。

1948年"二月事件"后,捷克斯洛伐克加快了国有化速度,扩大了国有化范围。逐渐对所有的生产和非生产企业以及作坊实现了国有化,手工作坊也被公有化,批发行业被收归国有,私营证券、律师事务所、建筑和设计公司等被取缔。在农村,国有化的进程以农民合作社的形式推进。1947年在捷克斯洛伐克有47.5%的人口以农业为生,1949年开始推行农民合作社,1957年合作社经营着54.4%的土地,1960年推进到80%,直到后来个体农民在捷克斯洛伐克已不复存在。

在意识形态领域,国家提倡共产主义的科学世界观,教会和宗教生活受到压制。从1949年起,教会被国家监管。1950年,捷克斯洛伐克终止了与梵蒂冈的外交关系。后来,修道院被取缔,希腊天主教会被并入东正教会。宗教信徒开始在社会生活中受到歧视,洗礼、宗教结婚仪式和宗教授课等转为半合法状态。

此时的捷克斯洛伐克呈现"捷富斯穷"的状态,共产党全面执政后,提出要消除斯洛伐克的落后状态,调整斯洛伐克与捷克之间经济、社会和文化水平的不平衡状态。为此,核心任务是实现斯洛伐克的工业化。

1948年10月,捷克斯洛伐克的第一个五年计划(1949—1953年)就确定了优先发展重工业的方向,尤其是在优先发展金属加工和重型机械制造业的前提下,实现斯洛伐克工业化。到1953年,第一个五年计划结束,斯洛伐克的工业化就取得了显著成就,新建了125家工厂,改建了109家工厂,工业生产值增长了128%。经过4个五年计划,20多年的建设,斯洛伐克已实现工业化发展,工业就业人口从1948年的21万余人增加到1975年的71万余人。工业化的快速增长推动了城市化的发展,城市人口比例从 20 世纪 50 年代的 1/3 上升到 1980 年的 1/2。与其他工业化的国家不同的是,斯洛伐克并没有出现农村急剧消亡的现象,许多工人依然居住在农村,从而为农村逐步实现现代化提供了条件。到 20 世纪 60 年代,斯洛伐克的农村生活水平大大提高,自来水、下水道、照明灯、电话、硬化道路等先进的基础设施在农村得到普及。伴随工业化的还有教育的国有化和全民化,1950 年,大概只有 25% 的儿童接受教育,到 70 年代末期,这一比例已上升到 90%。义务教育延长到 10年。中学学生的数量增加了 3 倍,专科学校的学生数量增加了 9 倍。到 1970 年,1/3 的居民有专科和中等教育水平,1/30 的居民完成了高等教育。经过 20 年的建设与发展,调整捷克与斯洛伐克之间的经济、社会和文化水平不平衡的目标虽然没有全部实现,但差距明显缩小。

1968 年 1 月,斯洛伐克人杜布切克担任捷克斯洛伐克共产党中央委员会第一书记,从此,杜布切克的"人道社会主义"试验,史称"布拉格之春"的社会改革拉开帷幕。1968 年 4 月,捷共中央委员会通过了短期改革的纲领,规定了捷共的彻底民主化、捷共对其他党派和社会组织的伙伴关系、公民基本权利的保障、共和国的联邦制、经济管理的民主化、允许服务行业的私营存在和实行积极的欧洲式的外交政策等。此次社会改革,使公民不仅获得言论自由、集会自由和公开讨论经济状况的空间,还可以自由出境,自由获取来自发达国家的信息。此外,还恢复了在 20 世纪 50 年代被审判的无辜者的名誉。这些社会变革被大部分公民和部分共产党人所接受,但遭到苏联、东德、波兰、匈牙利和保加利亚国家领导人的反对。

1968 年 8 月 20 日,当捷共主席团还在开会时,比拉克和其他强硬派试图举行一次不信任投票来推翻杜布切克,并且打算用一个服从苏联的临时政府取代他。然而,杜布切克成功地搁置了比拉克的动议,继续按照会议日程的计划开展党务工作。随着争论持续到深夜,主席团成员得到消息称,在没有通知杜布切克或者主要政府官员的情况下,华约已经发动了对捷克斯洛伐克的入侵。捷克斯洛伐克主席团发出了对武装干涉的谴责,称其侵犯了一个同属于社会主义国家的主权,并且要求公众保持冷静,避免任何直接挑衅或者武力回应。陆军和空军都收到了指令,不投入保卫国家的武力抵抗,也不对正在前进的华约部队采取行动。

这次代号为"多瑙河行动"的军事行动是华约唯一一次入侵成员国的大行动,由苏联、东德、波兰、匈牙利和保加利亚派出军队参加。苏联以 16.5 万名士兵和 4600 辆坦克作为先头部队,于 8 月 20 日晚间进入捷克斯洛伐克。在随后的一天里,华约军队又从匈牙利、东德和波兰跨过边境。到第一周结束时,在捷克斯洛伐克境内的华约军队已达到 50 万人,并有超过 6000 辆坦克提供支援。

8 月 21 日,国民大会与劳工组织、记者、科学家、广播媒体以及党和政府官员一起对入侵进行谴责。苏联广播了一份声明作为回应,宣布捷克斯洛伐克的华约盟友曾经收到捷共和政府中一些人的邀请,请他们提供援助以结束反革命的威胁。苏联人迅即劫持了杜布切克、切尔尼克、斯姆尔科夫斯基、弗兰蒂舍克·克列格尔等人,将他们转移到华沙、乌克兰以及莫斯科。

捷克斯洛伐克的军队,根据主席团的命令,没有进行反抗,但不同民族和不同党派的民众还是进行了长达数月的反抗活动。大街上的群众数量剧增,并且很多人投身于愤怒的示威活动当中。与此同时,许多市民纷纷拆掉路牌、标志和门牌号等,试图给坦克兵制造混乱,还试图上前说服外国的士兵,这次入侵是一个不幸的误会,华约的军队应当赶紧回家去。为了避免不必要的群众伤亡,一则劝告广大市民的"十诫"刊登在了《布拉格晚报》上:①不知道;②不关心;③不相信;④不从事;⑤不知怎么做;⑥不给予;⑦不逃离;⑧不出卖;⑨不张扬;⑩什么都不做。

8月23日,杜布切克和他的团队抵达莫斯科进行协商。8月26日,杜布切克迫于压力签署了关于在捷克斯洛伐克进行"正常化"整顿的《莫斯科议定书》。10月16日,在布拉格又签署了关于苏军在捷克斯洛伐克境内暂时停留的协议,从此,8万名苏军留驻捷克斯洛伐克一直到1991年6月。

1969年1月16日,一个名叫扬·帕拉赫的查理大学学生在布拉格文采斯拉斯广场顶端的国家博物馆前,脱掉他的外衣,然后用易燃的液体淋湿自己,试图进行一次名为"火炬一号"的自焚行为。钉在帕拉赫外衣口袋里的便条,解释了他是通过抽签被选中开展这次牺牲行为的,以此来反抗苏联对他祖国的入侵和镇压。帕拉赫超过85%的身体被严重烧伤,并于3天后去世。对他去世的举国哀悼从布拉格开始,而1月25日的葬礼成为全面"正常化"开始之前最后一次主要的示威游行。1月20日—25日,19名布拉迪斯拉发夸美纽斯大学的学生参加了一次绝食抗议,以示与帕拉赫的反抗行为团结在一起。

华约军队的武装入侵中止了捷克斯洛伐克的社会改革进程,从此"正常化"政策开始实施,其目的是将社会秩序恢复到1968年以前的状态。1969年4月,杜布切克被撤销捷共中央委员会第一书记的职务。1968年出现的独立组织很快被取缔,对刊物、电台和电视台的监督重新开始,对公民出境的限制恢复。在共产党组织、企业、机关、学校和军队中开展"清洗"、审查运动,成千上万的人被开除党籍,失去工作或受到不公正的工作待遇。知识分子受到"清洗"的冲击最大,很多人选择离开这个国家,到 1971 年底,13 万—14 万捷克斯洛伐克人离开去其他地方。在经济范围内,"正常化"意味着集中计划的回归和义务配额及严格价格控制的重新引入。

从 20 世纪 70 年代下半期起,捷克斯洛伐克的经济出现不景气现象,与世界经济水平的差距拉大,而对苏联的依赖性增强。而斯洛伐克经济对东欧市场的依赖性更大,原料和半成品生产部门(矿业、冶金业和重型化学)的比重大,生产所需的能源(石油、天然气和煤等)大部分从苏联进口。斯洛伐克工业的第二大支柱是军工,大部分军工企业都有 10000—12000 名就业人员。斯洛伐克经济中存在的问题日益突出,如单方面依赖苏联能源、与国际市场脱钩、过度扩军备战和对生态环境的极度破坏等。经济的不景气导致住房建设、医疗、教育、居民收入和退休金水平得不到发展和提高,萧条和衰退渗透到社会生活的方方面面。加上盗窃和腐败现象空前猖獗,大部分民众对当局的不信任感渐渐增强。

"天鹅绒革命"与"天鹅绒分离"

牛津大学教授提摩西·加顿·阿什在概括 1989 年东欧剧变("天鹅绒革命")这段历史进程的时候这样写道:"东欧的变革,在波兰用了 10 年的时间,在匈牙利用了 10 个月,在东德用了 10 周,在捷克斯洛伐克用了 10 天,而在罗马尼亚只用了 10 个小时。"这段颇富文学色彩又略显夸张的表述可谓十分传神地揭示出了各国开启变革的顺序、各自实现变革的不同难度,以及因为先行者的示范效应而产生的变革加速度(即所谓的"多米诺效应")。

这一切的发生有其突然性,但也绝非毫无征兆。关键因素之一,还要从 4 年前说起,那就是 1985 年 3 月,苏联政治局选举米哈伊尔·戈尔巴乔夫成为总书记。他上台后,苏联对东欧的控制开始有所放松,这为捷克斯洛伐克开启真正的改革做了铺垫。戈尔巴乔夫相信,在适当的条件下,一定程度的改革并不会危及共产党的领导地位。根据他自己的说法,直到斯大林主义最后的痕迹消失,共产主义才能在苏联发挥潜力。为了这个目的,戈尔巴乔夫推行"公开化"的政策,这是一种通过放松审核制度和提供参与机会,在政府官员和公众之间形成对该国问题的讨论的方式。在苏联内部,戈尔巴乔夫的政治改革允许苏共中央内部的批评者,甚至是非共产党人的政治家被推选进入人民代表大会,这成为迈向政治多元化的关键一步。针对东欧各国,戈尔巴乔夫一改勃列日涅夫的"有限主权论",对东各国的主权和意愿给予"尊重"。戈尔巴乔夫上任伊始,在与华沙条约组织国家最高领导人会晤时便概述了苏联与其盟国关系的新原则:"我们是平等关系,苏联尊重各国的主权和独立,在各个领域开展互利合作。承认这些原则同时也意味着各方需承担对本国局势的全部责任。从现在开始,他们不得不依靠自己,按照自己的意愿建立自己的生活。"

随着戈尔巴乔夫"松绑"影响力的继续扩张,1988 年 1 月,隐匿生活了 20 年的杜布切克通过一篇访谈重新回到了公众视线中。在访谈中,杜布切克表达了对戈尔巴乔夫"公开化"政策的支持,也敲掉了"布拉格之春"和戈尔巴乔夫改革之间的相似性,声称改革共产主义是可行的,也是必要的。与此同时,知识分子、艺术家和作家从"反政治"转变为直接和积极地反对政府和捷共。数量不断增长的独立团体出现,并与"七七宪章"及其他反对组织建立联系,反过来又使他们的活动得到扩张。

主要的宗教人物也在国家事务中变得更为积极。在斯洛伐克,不满于宗教自由受压制的罗马天主教教徒和被禁止履行宗教职责的教士一起建立了一个秘密教会组织。1988 年 3 月 25 日,在布拉迪斯拉发举行了首次大型的反对压制信徒和教会权力的示威游行,最后被警察用武力驱散。学生的参与反映了新一代致力于投身反对政府的公众行动的不断增长的愿望。

学生的活动是局势的导火索。1988 年 8 月 21 日,主要由学生组成的上万名群众走上首都布拉格的街头,纪念华约入侵 20 周年,并且由学生领袖们宣读了一份要求民主化和结束管制的请愿书。当游行接近尾声时,警方使用催泪瓦斯和警棍驱散了剩余的 1000 多名示威者。1988 年 10 月 28 日,在捷克斯洛伐克成立 70 周年活动期间,又有 1 万多名群众在布拉格示威游行。1988 年 12 月 10 日,又有 5000 多名群众聚集在布拉格进行集会。1989 年 1 月 15 日,有组织的示威游行在布拉格各处展开。随着越来越多的集会在很多城市广场上定期开展,捷克和斯洛伐克都出现了群众运动协调机构,在布拉格是"公民论坛",在布拉迪斯拉发是"公众反对暴力"。

邻国波兰和匈牙利的形势发展一方面对捷克斯洛伐克当局是一个警告,另一方面对捷克斯洛伐克不断壮大的反对派是一个激励。1989 年 6 月,哈韦尔和其他反对派领导人发表了"只有几句话"宣言,并征集了 4 万个签名,要求实现民主,释放政治犯,废除审查制度和限制,重新评估"布拉格之春"等。随着共产党在波兰、匈牙利和东德丧失政权,捷克斯洛伐克的捷共政权发现自己在中东欧这个地区越来越孤立,同时面临着要求民主化的学生、知识分子和不同非官方组织的日益壮大的反对力量。

触发捷克斯洛伐克"天鹅绒革命"的事件发生在 1989 年 11 月 17 日的布拉格,当时学生们在首都街头聚集,纪念扬·奥普莱塔尔的葬礼以及纳粹关闭捷克大学 50 周年。在官方和独立学生组织的协作下,纪念游行吸引了远远超过预期人数的群众,在活动开始就有 1.5 万人参加,开场就有演讲者要求实行改革。在游行过程中,人群壮大到大约 5.5 万人,他们唱着"圣歌",要求民主改革。警方和安全部队阻止游行前进,过程中袭击了数百人并逮捕了许多游行者。安全部队对学生的袭击引发了一次直指政府的公众怒潮。反对派召集会议,组织罢工罢课。11 月 18 日,学生们发动罢课,占领大学建筑,号召捷克斯洛伐克公民参加 11 月 27 日的总罢工。11 月 19 日,2 万名群众集会要求总书记雅克什辞职。11 月 20 日,20 万群众在文采斯拉斯广场集会抗议。11 月 21 日,为了协调遍布全国的活动,"公民论坛"和"公众反对暴力"两个组织开展沟通合作。又有

20 万名群众聚集在文采斯拉斯广场听哈韦尔站在梅兰特里赫大楼阳台上进行演讲。11 月 24 日,杜布切克和哈韦尔一同出现在阳台上,接受 20 万名群众声势浩大的热情致意。11 月 27 日,两个小时的总罢工使得整个国家进入停顿,官方估计接近 80％ 的人参与了这次罢工,这推动了党和政府间的重大分裂,迫使当局与"公民论坛"和"公众反对暴力"进行对话。11 月 29 日,联邦国民议会宣布取消 1960 年宪法中关于共产党在国家和社会中居领导地位的条款。12 月 10 日,在马里安·恰尔法领导下组成新"民族理解"政府,此时的共产党人在联邦政府中已占少数。同时,斯洛伐克政府也在米兰·奇奇的领导下进行改组。两位政府总理都愿意进行根本的变革。12 月 28 日,杜布切克被选为联邦议会议长。次日,"公民论坛"的领导人哈韦尔被选为总统。至此,捷克斯洛伐克在 2 个月内完成了权力的更迭,没有出现流血牺牲的局面。

非暴力的"天鹅绒革命"以 1989 年 11 月冲击学生的暴行为开始,以 12 月月末的捷克斯洛伐克共产党政权的垮台为结束。"天鹅绒革命"的说法源自西方记者对发生在捷克斯洛伐克的事件的报道,随后才被哈韦尔和与他同道的反对派领导人所接受。在捷克斯洛伐克等中东欧国家的经济和政治危机中,正是戈尔巴乔夫"革新社会主义"的过程导致了这些国家的反对派力量迅速增强,加大了其与政府的对抗,使得这些国家的执政党权威迅速衰落。由此可见,戈尔巴乔夫正是东欧国家 1989 年"天鹅绒革命"的关键因素之一。在当时,东欧国家的反对派运动被认为是日益增长的"民主化"的体现,得到戈尔巴乔夫的支持。1990 年,戈尔巴乔夫获得诺贝尔和平奖,他对苏联和东欧国家的革命"和平事业"做出的贡献得到西方的"表彰"。

由于"天鹅绒革命"时期存在共同的敌人和共同的价值观,

在一开始，捷克一方和斯洛伐克一方关系相当融洽。双方约定，为了转型的稳定，暂且保留原联邦政治结构与宪法不变，以两年为期，在这期间重新调整联邦与各成员之间的权力划分、重修宪法，以便在稳定与变革之间寻得一个平衡点。同样是为了转型稳定起见，这个新生的民主国家仍然把首都放在了布拉格。

革命者由此继承了一个极度依赖共识和妥协的政治结构，而新生的共和国所必经的社会与经济转型，必然会激化大量的政治冲突。捷克人和斯洛伐克人之间的关系于 1990 年开始恶化，分歧在随后的两年中进一步扩大。斯洛伐克人再次吐槽被捷克人利用，并且认为联邦对斯洛伐克的社会和经济条件普遍缺乏关心。作为证据，他们指出，1990 年 1 月外交部部长在对媒体的声明中称捷克斯洛伐克将不再是世界的军火商。而斯洛伐克的工业技术大部分已经过时，无法同国外产品竞争，只有出口军火才能维生。在许多斯洛伐克人看来，这是布拉格压根不理解斯洛伐克国情的重要证据。

这件事实际上预示着经济转型对斯洛伐克人来说要难得多。日后的情形也证明正是如此，联邦政府实施休克疗法，放开物价，大幅削减或停止国家补贴（实际上是减少捷克对斯洛伐克的转移支付），这对以落后的技术、重工业为主的斯洛伐克是一个沉重打击。从后来的统计数据来看，斯洛伐克在 1990—1993 年经历了严重的经济危机。3 年中，斯洛伐克的工业生产下降了 33%，建筑生产下降了 53%，农业生产下降了 33%，公路交通下降了 66%，铁路运输下降了 50%，国内生产总值下降了 25%，居民的实际工资收入下降了 28%，唯一增长的是失业人口，从 1990 年的 3.9 万人增长到近 10 倍，达到 36.8 万人。

在政治方面，捷斯双方也存在分歧。在 1990 年最初的几个月里,国家名称去掉"社会主义"字号,回归"捷克斯洛伐克共和国"的提议,也招来了斯洛伐克民族主义者的愤怒,他们当然不是在反对去掉"社会主义"字号,他们是批评哈韦尔和"公民论坛"再一次将斯洛伐克人置于次要的位置。他们要求在"捷克"与"斯洛伐克"之间加上一个破折号,以示对等关系。捷克方面很惊诧,双方的争论由议会辩论蔓延到街头抗议,一时间,双方僵持不下,史称"破折号战争"。在这里就涉及双方的一个认知分歧,那就是"捷克斯洛伐克"究竟代表了什么?是一个民族,还是一个国家?捷克人多数认为是民族,捷、斯都是捷克斯洛伐克民族下的分支。而斯洛伐克人却不这样认为,他们认为斯洛伐克是独立的民族,捷克斯洛伐克是斯洛伐克与捷克形成的联邦国家,是一个政治联盟。双方分歧很大,当局只好妥协,于1990年4月接受"捷克斯洛伐克联邦共和国"的国名,并且转移更大的权力和决策责任给这两个共和国的政府。

1991年3月,斯洛伐克的"公众反对暴力"出现了分化,以梅恰尔为首的一部分议员退出"公众反对暴力"。4月,斯洛伐克国民议会撤销了梅恰尔的总理职务。没过几天,"公众反对暴力"分裂为两个党派:一个是以梅恰尔为首的"争取民主斯洛伐克运动";另一个是公众民主联盟,转向了政治右派。

1992年6月的第二次议会选举中,梅恰尔和他的"争取民主斯洛伐克运动"寻求鼓动民众不满情绪以追求选举的胜利,他们凭借民族主义的花言巧语、邦联制的呼声、民粹主义的诉求和民众对经济下滑的不满,在斯洛伐克获得了37%的选票,取得了大大的胜利,梅恰尔再次成为斯洛伐克总理。

在捷克土地上,公民民主党和基督教民主党的中右翼联盟以30%的选票胜出。6月7日,联邦总统哈韦尔提名公民民主党的第一候选人瓦茨拉夫·克劳斯出任联邦总理,并且要求他根据这次选举的结果组成一届政府。克劳斯拒绝了这个提议，目的是担任捷克共和国的总理。作为捷克政府的首脑，克劳斯开启了与梅恰尔关于这个国家未来的谈判。

在斯洛伐克，各党派对国家结构问题持不同的观点，基督教民主运动和民主左派党致力于在斯洛伐克与捷克的共同国家范围内最大限度地扩大斯洛伐克自治权力；"争取民主斯洛伐克运动"的立场从最初赞同联邦制发展为要求实现邦联，最后又倾向于成立独立的斯洛伐克共和国；斯洛伐克民族党和部分基督教民主运动的政治家一直主张解散联邦，成立独立的斯洛伐克共和国。

捷克部分政治精英也决定解散联邦，他们认为，一旦没有斯洛伐克军工等重工业的拖累，捷克可以更轻松、更快速地完成经济转型；独立后的斯洛伐克可以成为捷克与局势动荡的巴尔干地区的屏障；与匈牙利的少数民族问题和边境地区的水库问题等也就成为斯洛伐克与匈牙利之间的问题；没有斯洛伐克，捷克可以更容易地实现地缘政治目标和迅速加入欧盟、北约。

尽管捷克和斯洛伐克的大部分民众都希望保留共同的国家，但捷克的克劳斯和斯洛伐克的梅恰尔经过7轮关于联邦政府的建立、联邦机构领导人的更换、经济问题和共和国的国家权力分配问题的谈判后，双方观点依然大相径庭，难以调和，最终就逐步解散联邦达成协议。

1992年7月17日，斯洛伐克国民议会通过《斯洛伐克主权宣言》。9月1日，斯洛伐克宪法通过。10月29日，捷克总理克劳斯和斯洛伐克总理梅恰尔签署了捷克共和国与斯洛伐克共和国未来关系的协议，且协商好分割财产的方式。11月25日，联邦议会以微弱多数通过《捷克斯洛伐克联邦解体法》，从而为两个独立共和国的平稳诞生创造了条件。1992 年 12 月 31 日,捷克斯洛伐克联邦共和国结束了它的存在,捷克共和国和斯洛伐克共和国成为它的法定继承国。

1992 年 12 月 31 日午夜,大批群众聚集在布拉迪斯拉发的斯洛伐克民族起义广场,伴随着旗帜飘舞和乐队演奏斯洛伐克国歌庆祝独立。这座城市再次成为一个独立的斯洛伐克国家的首都,尽管这个国家需要重新建设新的行政和外交机构。斯洛伐克国民议会成为真正的议会,而且马上改名为斯洛伐克共和国国民议会。在总理梅恰尔和新的国民委员会的领导下,斯洛伐克作为一个拥有 540 多万居民的多民族融合国家,进入了新时代。

在斯洛伐克刚独立期间,梅恰尔一直担任代总统。一直到 1993 年 2 月,米哈尔·科瓦奇被国民议会选举为总统。和梅恰尔一样,科瓦奇也是一名前共产党员和民族主义者,在正常化时期曾经受过一定程度的迫害,还曾经在 1989—1991 年期间担任斯洛伐克的财政部部长。

1993 年 3 月,梅恰尔相对严格的个人领导风格,导致了财政部部长切尔纳克以及 8 名"争取民主斯洛伐克运动"代表的辞职。到了 6 月,斯洛伐克政府变成了由民主斯洛伐克运动领导的单一政党占绝大多数的政府,这一时期,梅恰尔表现出来的独裁倾向已经开始令很多人感到担忧。同时,科瓦奇总统也开始质疑梅恰尔政府改善斯洛伐克经济前景的能力。此时的斯洛伐克,正处于从过度依赖武器生产到以消费品生产为主的转型过程之中,将军备生产从 1988 年占工业产量的 6.3% 降低到了 1993 年的 0.9%。同时,开始于"天鹅绒分离"之前的私有化进程,到 1993 年初的时候,也只转移了 30% 的资产到符合条件的私人手中。梅恰尔政府正面临着对这一系列情况缺乏准备的批评。人们还指责新的斯洛伐克货币处于弱势,导致贸易利润下降。新政府的税收和保险系统也急需重建,国家预算又面临严重不足,根本无法覆盖现有的成本。

面对如潮的批评,梅恰尔加强了对部长们的控制,他用约瑟夫·莫拉夫奇克替换了外交部部长米兰·克尼亚日科,这么做的主要原因是,每当梅恰尔想要向东指望俄罗斯和乌克兰的时候,克尼亚日科却在向西推动更密切的关系。当时,梅恰尔出于同斯洛伐克东部邻居的经济和外交关系是最大利益的信念,曾拒绝了斯洛伐克加入捷克、匈牙利和波兰的维谢格拉德集团的机会。后来,梅恰尔很快转变了他的姿态,与科瓦奇一起为斯洛伐克进入北约和欧盟进行游说,斯洛伐克也正式成为维谢格拉德四国中的一员。

1994 年 3 月,科瓦奇总统在给议会的国情咨文中,严厉批评了梅恰尔政府领导现状中表现出来的消极方面,科瓦奇与梅恰尔的矛盾也就此公开化。国民委员会就此解除了梅恰尔的总理职务,并邀请民主联盟的约瑟夫·莫拉夫奇克一起重新组建一届新政府。除了莫拉夫奇克所在的党派之外,还包括了基督教民主运动和民主左派党。然而,反对党在政府政策上留下印记的机遇是非常短暂的,当年 10 月的选举结果是,梅恰尔领导的"争取民主斯洛伐克运动"和斯洛伐克农民党(RSS)联盟又获得了胜利。该联盟获得了 35% 的选票,为了组成一届政府,梅恰尔选择"争取民主斯洛伐克运动"与激进的斯洛伐克工人协会(ZRS)和民族主义的斯洛伐克民族党(SNS)结盟。11月初,新的执政联盟转而对国民委员会和议会各委员会加强了控制,以保证其联盟的权威。为了在几乎不考虑民主进程的前提下推进民粹主义和民族主义的议程,该联盟在政府部门中任命党员监管媒体,并将科瓦奇定位为政治敌人,并于 1995 年撤销了他在"争取民主斯洛伐克运动"中的党籍。

　　1995 年 8 月 31 日还爆出了一件政治丑闻,科瓦奇总统的儿子小米哈尔·科瓦奇在布拉迪斯拉发被绑架并转移到奥地利海茵堡,目的是将其引渡到德国,德国当局曾经指控他与所谓的"无污染科技"金融犯罪案件有牵连。奥地利猜测斯洛伐克情报处卷入此事,于是发出强烈抗议并且把小科瓦奇送了回去。总统及其支持者谴责梅恰尔政府参与绑架行为,这也导致了斯洛伐克与奥地利外交关系的恶化。

　　各类经济问题继续折磨着斯洛伐克,1997 年,梅恰尔政府不顾国际货币基金组织关于斯洛伐克需要对财政政策和支出实行更严格的控制的警告,引入了允许巨额赤字的预算案。长期以来的任人唯亲和腐败行为并未被消除,而斯洛伐克的贸易赤字在持续增长。科瓦奇于 1998 年 3 月结束他的总统任期,国民委员会竟然未能选举出一名接替者,于是根据宪法规定,梅恰尔任命自己为总统。一直到 1998 年 9 月,斯洛伐克才迎来转机。选举的结果是,梅恰尔的"争取民主斯洛伐克运动"仅以 27％对 26.33％领先于斯洛伐克民主联盟,由于只有斯洛伐克民族党对成为联盟伙伴感兴趣,梅恰尔未能组成一届政府,被迫允许 4 个反对党组建政府。泪流满面的梅恰尔出现在电视屏幕上,宣布他将于 10 月 29 日辞去总理一职。斯洛伐克民主和基督教联盟的米库拉什·祖林达接替梅恰尔成为新的斯洛伐克总理。

　　祖林达立即开始转变梅恰尔的独裁主义和经济政策,此外还改善与少数民族以及欧盟等国际组织的关系。在开启经济改革和现代化的同时,祖林达拒绝了梅恰尔于 3 月批准的特赦,并且努力在之前的国家机构中重塑民主。祖林达政府还起草了总统直选的提议,该议案于 1999 年 1 月被国民委员会批准。随着 5 月总统选举的举行，科瓦奇和其他 6 名候选人通过申请获得候选资格，然后出乎意料的是，议会在最后时刻将梅恰尔列入了候选人名单中。科瓦奇赶紧撤回他自己的名字，并且号召大家选举舒斯特尔，想要组成一个联盟来反对梅恰尔。最终，舒斯特尔获得 47.3％的选票，领先 37.2％的梅恰尔。不过舒斯特尔还是低于所需的 50％，在第二轮投票中，舒斯特尔以 57.18％对 42.8％击败了梅恰尔。

　　2002 年 9 月的大选胜利使祖林达保住了他的总理职位。不顾失业率和生活成本上涨等问题，祖林达政府继续实行旨在使经济现代化和允许斯洛伐克参与全球市场竞争的政策。在祖林达的第二个任期（2002—2006 年）内，斯洛伐克迎来了 8.3％的经济增长率，这是经济合作与发展组织成员中最高的。到 2007 年，经济增长率随着消费物价上涨持续减缓，一度攀升到 10.4％。随着条件的改善，斯洛伐克克服了早期的障碍，在 2004 年 3 月 29 日获得了北约的成员资格，随后在那一年的 5 月 1 日加入欧盟。2009 年 1 月 1 日，斯洛伐克加入欧元区，采用欧元取代斯洛伐克克朗。

中篇 斯洛伐克的今生

其国、其地、其人

斯洛伐克人称他们的国家为"欧洲的心脏"。然而,许许多多外国人,包括一些中国人和西方人,有时候仍然会把它当作"东欧"的一部分。如果你有幸到斯洛伐克游玩,强烈建议你在谈到这些地方的时候,还是调整下自己的思维,把斯洛伐克称为"欧洲的心脏"。首都布拉迪斯拉发距离维也纳仅仅 64 千米,而维也纳却被想当然地认为是在西欧。这也使得这两个城市成为欧洲最接近的首都,当然如果我们排除梵蒂冈城和罗马的话,这也是世界上第二接近的两个城市,仅次于金沙萨(刚果民主共和国)和布拉柴维尔(刚果共和国)。因此,斯洛伐克准确的定位应该是"中欧",这样的定位在地理上肯定是正确的,而且也不太受旧的政治和文化的影响。

斯洛伐克西北与捷克共和国接壤,北部与波兰接壤,东部与乌克兰接壤,南部与匈牙利接壤,西南与奥地利接壤。虽然面积不大,但地理特征十分明显,称得上"麻雀虽小,五脏俱全",包含了山脉、森林、天然温泉、300 多座古城堡遗址、600 多个洞穴、多个国家公园,还有草地、平原、田野、峡谷、高原和瀑布等等。该国最长的河流瓦赫河在科马诺与多瑙河汇合。世界上很少有国家在这么小的范围内拥有如此多样的景观。

斯洛伐克最大的旅游景点是山脉,比较著名的有两个,一是高塔特拉斯(位于北部,沿波兰边境),二是斯洛伐克中部和东部的低塔特拉斯(尼兹克塔特里)。在高塔特拉斯山脉,最高峰是格拉乔夫斯基-斯蒂特,海拔 2655 米。斯洛伐克是一个自然美景和珍稀植物非常丰富的国家,非常受户外爱好者的欢迎。

斯洛伐克的气候和天气多样。作为一个内陆国家,斯洛伐克的气候位于温带气候和大陆气候之间,夏季相对炎热,冬季相对寒冷,多云潮湿。具体来说,这个国家可以分为三个基本气候区:低地、盆地和山区。斯洛伐克迄今为止记录的最高气温出现在低地地区的赫巴诺沃,时间是 2007 年 7 月 20 日,气温高达 43℃;最低温度出现在 1929 年 2 月 11 日,在维格阿斯-普斯特鲁萨的山区,气温低到了 −41℃。整个国家不同地区的冬季长度也略有不同,低地是从 12 月中旬到次年 2 月中旬,盆地是从 11 月下旬至次年 3 月中旬,山区则是从 11 月上旬至次年 5 月下旬。年平均降雨量,低地为 520 毫米,山区为 2000 毫米。

大约 40.8％的斯洛伐克国土被森林覆盖着,大部分都位于山区。50％的国土是农田。在 20 世纪,许多物种丰富的草甸和牧场被转换成集中管理的草原,这也影响了物种多样性。葡萄园、花园和果园遍布全国各地,斯莱克和班斯卡·比斯特里察附近还有一片小雨林。由于受到排水、水坝、农业用水和工业排放的影响,该国的水生和湿地生态系统也受到过一定程度的污染。从 2001 年开始,斯洛伐克国土面积的 22.1％受到国家保护,8 种哺乳动物、4 种鸟类和 11 种植物已经濒临灭绝。就潜在的环境危害而言,斯洛伐克目前主要的环境问题是冶金厂导致的空气污染。斯洛伐克东部的空气污染相对更严重一些。该国的电力生产,35.3％来自化石燃料,47.6％来自核能,17.1％来自水力发电。

斯洛伐克的行政区划分为 8 个州,每个州以其首府命名,

其下分区,一共有 79 个县,下设 2883 个市镇。8 个州分别是:
布拉迪斯拉发州、特尔纳瓦州、特伦钦州、尼特拉州、日利纳州、
班斯卡·比斯特里察州、普雷绍夫州、科希策州。

　　整个斯洛伐克从西往东,可以分为西斯洛伐克、中斯洛伐
克和东斯洛伐克三个部分。其中,西斯洛伐克包括布拉迪斯拉
发、特尔纳瓦、特伦钦和尼特拉等主要城市,是迄今为止该国人
口最密集、经济实力最强的地区。它还包括一个小区域,被称
为"扎霍里"(类似世外桃源的意思),拥有自己的斯洛伐克方
言,有点像摩拉维亚语。布拉迪斯拉发建在多瑙河畔,是斯洛
伐克的首都,也是该国最大的城市,自然也是事实上的"西斯洛
伐克首府"。近郊农田广布,葡萄园密集,也是知名的红酒产
区。市中心依然保存着散发古韵的城门和街道。此外,城市的
每个角落遍布着有特色的雕像和锦旗,无处不充满魅力。教堂
的墙上描绘着涂鸦,散发着市场的气息。历史与现代在布拉迪
斯拉发这里完美交融,述说着这座城市的美丽。同时,西斯洛
伐克,尤其是布拉迪斯拉发的物价明显高于该国其他地区。即
使按照附近维也纳的标准,布拉迪斯拉发也显得更贵一些。首
都的房租、生活费和日常开销给许多在那里工作但负担不起高
额开支的斯洛伐克人带来了相当大的痛苦,他们只好住在附近
的城镇,每天来回上下班。大多数当地人现在甚至倾向于避免
在布拉迪斯拉发市中心购物,因为受游客的影响,很多物价往
往过高。他们会避免去大型的购物中心,如奥帕克、购物宫、欧
洲购物中心等,而是去特尔纳瓦、尼特拉和特伦钦等地一些小
得多的购物中心。

　　同样位于西斯洛伐克的特伦钦,依然保留着作为交通枢纽
发展起来的中世纪街道。罗马帝国设置在中欧最北端的军事
设施就是特伦钦。根据记载,公元 179 年罗马帝国打败德意志

部落的石碑,就是在今天特伦钦城堡的山坡上被发现的,由此可见这里在当年的重要性。特伦钦始建于11世纪,当时这里还是匈牙利的领土。整个中世纪,这里都是地中海经由多瑙河通向波罗的海的交通要道,并因此获得了发展。老城的米洛夫广场周围还有很多保留了文艺复兴和巴洛克样式的建筑。

同样位于西斯洛伐克的尼特拉,是借助多瑙河发展起来的斯洛伐克的前首都。自5世纪末期斯拉夫人在此定居以来,每个时代,这里都是王朝的中心区域,并因此而繁荣不息。到14世纪初被并入匈牙利王国的版图为止,尼特拉城一直都被斯拉夫人坚守着。这里还诞生了斯洛伐克首座教堂,当时的教堂虽然已经不复存在,但是众多别的教堂和相关建筑却鳞次栉比。今天,这座小城正向美丽的旅游区及工业化城市迈进。

从尼特拉往东北方向走,就来到了班斯卡·比斯特里察州,这里属于中斯洛伐克。斯洛伐克中部是斯洛伐克最受欢迎的休闲胜地塔特拉山的一部分,也是这个国家自然风光优美的风景区。这里的主要城市包括日利纳、马丁和该地区的首府班斯卡。班斯卡·比斯特里察是一座作为资源城市发展起来的位于斯洛伐克中部的核心城市,因开采、提炼铜和银而闻名。尤其在其鼎盛的14—16世纪,铜的生产热火朝天,当时班斯卡·比斯特里察出产的铜销往全欧洲各地。随着资源的枯竭,手工业取而代之,成为支柱产业。到18世纪后期至19世纪中期,这里成为斯洛伐克民族起义的中心。第一次世界大战以后,捷克斯洛伐克共和国成立,这里发展成中斯洛伐克的产业、经济中心。第二次世界大战时期,1944年,反抗纳粹德国统治的斯洛伐克民族起义之火从这里燃向全国。

斯洛伐克中部森林茂密,地形以丘陵为主,是该国人口密度最低的地区。这里有很多天然温泉、国家公园和自然保护区,包括高、低塔特拉斯国家公园和名为"斯洛伐克天堂"的自然保护区,斯洛伐克中部大部分地区的环境都很好地受到了保护。

位于中斯洛伐克的日利纳,坐落在日利纳盆地的瓦赫河谷之中,瓦赫河、基苏卡河、拉坎卡河在这里汇合。该市始建于1312年,早在1872年就建成了第一条铁路,目前是斯洛伐克重要的铁路枢纽和公路枢纽。有机械、化工、纺织、造纸、食品加工等工业。日利纳保存有14—18世纪的很多建筑古迹,是个远足、攀山或冬季滑雪的好地方。不过,这座城市对于我们来说,更熟悉的是,日利纳有一支有着113年历史的斯洛伐克豪门球队,在该国联赛的历史上,他们曾7次获得冠军,也曾在欧冠的舞台上得到过展示的机会。细心的中国球迷对这支球队的名字应该不会感到陌生,一些中超球队在欧洲冬训时,日利纳也是热身对手之一。日利纳曾在友谊赛中战胜过广州恒大,也曾与中国国青、山东鲁能等球队有过交手记录。

同样位于中斯洛伐克的马丁,是位于图列茨河畔的斯洛伐克文化中心。马丁的总人口虽然不到6万,但是自19世纪以来,一直是斯洛伐克民族运动的中心,是一座充满了文化气息的城市。自从布拉迪斯拉发成为首都,这里的地位有所下降,不过这里仍然有国家图书馆以及其他7座国家博物馆。尤其是郊外的斯洛伐克村落博物馆,是该国最大的露天博物馆,向人们介绍了历史上斯洛伐克人的日常生活。这片丰饶的土地被小法特拉山国家公园环绕着,是户外运动理想的举办地。

位于中斯洛伐克的还有班斯卡·什佳夫尼察,一座被列为世界文化遗产的资源小城。这里12世纪就被文献所记载,到15世纪中叶已经是匈牙利王国最重要的资源城市。尤其在鼎盛的18世纪,这里每年生产600千克的黄金和超过2.4万千克的白银。为抵御奥斯曼帝国的进攻而兴建的新老两座城池、围绕小镇的城门等防御工事,使得这座小镇别有风情。进入20世纪,资源产量降低,小镇也开始衰落,不过近年来作为历史小镇及利用矿山设施发展起来的旅游业给班斯卡·什佳夫尼察带来了生机。

再往东,就来到了科希策州和东斯洛伐克。东斯洛伐克由普雷绍夫和科希策两个主要区域组成,通常被认为是斯洛伐克经济最萧条的地区,但也是非常美丽的地区之一。科希策是斯洛伐克第二大城市,也是东部的文化中心、工业中心。科希策处在匈牙利和波兰的通商要道上,因贸易和工业而发展起来。14世纪的时候被批准为"帝国自由城市"。老城有圣伊丽莎白大教堂等众多的教堂和历史建筑,向世人讲述着曾经的繁华。东斯洛伐克北半部有丰富的人工湖,包括泽姆普林斯卡-塞拉瓦度假村、维尔卡-多马萨水库和布科夫斯基-弗尔奇的斯塔里纳水库,是自然景观最壮观的地区,也是相对比较贫穷的地区。南半部是斯洛伐克矿山,以其矿床丰富而闻名。这里有几个很受欢迎的旅游目的地,包括斯皮斯城堡遗址(欧洲中部最大的城堡之一)、戈姆巴塞卡洞穴群和巴尔代约夫镇,还有欧洲保存最完好的中世纪城镇广场。科希策在文化方面可与布拉迪斯拉发媲美,并于2001年成为欧洲文化之都,2013年又被列为欧洲文化城市,常年举办丰富的艺术和文化活动。

同样位于东斯洛伐克的普雷绍夫,是通商要道上发展起来的第三大城市。普雷绍夫位于从伊斯坦布尔经由贝尔格莱德、科希策、华沙通往波罗的海的通商要道上,自古以来就因商贸而繁荣。关于普雷绍夫最早的文献记录见于1247年,1299年它就获得了城市特权,取得了高度自治。普雷绍夫老城有大量后哥特式和文艺复兴式建筑,形成了一道美丽的风景。只可惜原本的建筑在 1887 年 5 月的一场大火中毁于一旦,现在见到的几乎都是复制品。在纵贯市区南北的夫拉瓦纳街中央的是一个广场,那里屹立着拥有一座高耸入云的尖塔的圣米库拉什教堂。老城并不大,用一天时间就足以把它逛遍。

在斯洛伐克和波兰的边界线附近,还有一座 14 世纪建造的老城巴尔代约夫。与普雷绍夫及科希策相同,这里也处于连接匈牙利和波兰的通商要道上,自古以来经济繁荣。老城周边建于 14 世纪的城墙和堡垒比较完好地保存了下来。2000 年,依稀可见中世纪影子的老城,被联合国教科文组织列为世界文化遗产。

介绍完斯洛伐克和其主要的城市,我们接下来观察一下斯洛伐克人。

说到斯洛伐克人的价值观和态度,虽说所有的概括都应该有所保留,但我们还是可以把斯洛伐克人描述成一个非常伟大的务实和悠久的民族。尽管许多斯洛伐克人形容自己不喜欢变革,但他们的国家在过去的 100 年里经历了重大的、动荡的变革。斯洛伐克人以谨慎、灵活、耐心和谦虚的独特组合适应了这些裂痕。现代的斯洛伐克人会以批判的眼光看待国家的未来,谨防过于乐观,但他们也不会被自我批评所拖累。他们很少吵闹,也很少情绪化,他们越来越意识到自己与社会的联系,在社会中的地位,与欧盟的关系。

家庭可能是绝大多数斯洛伐克人生活中最重要的因素。实际上,大多数家庭都只有两个家庭成员,通常是一对还没有孩子的年轻夫妇,或一对孩子已经搬走的老年夫妇。有四个成员的家庭,通常是父母和两个孩子,这是第二种最常见的家庭形式。在外学习的年轻人通常会在周末回家,在某些情况下,他们的学习地点甚至取决于他们与家人的相对距离。出于经济和社会原因,年轻夫妇往往住在父母附近,除非因工作或学习需要而搬走,否则直系亲属往往住在同一城镇或城市,或至少住在同一个州。家庭在当代斯洛伐克人生活中的重要性很大程度上是受该国最近一段时间的政治历史影响。1989年以前,在斯洛伐克,很多行为受到限制,家庭是少数几个可以实现个人目标的领域之一,斯洛伐克人倾向于在家里逃避虚伪和压迫的生活。在20世纪70年代,尽快结婚生子是年轻人的常态。当时的政府为已婚夫妇提供了长时间的产假和有吸引力的税收优惠,包括生育津贴。由于单身人士或无子女夫妇几乎不可能有一套住房,当时的苏式政权实际上加强了家庭关系和代际纽带。

再来看斯洛伐克人的工作以及对待工作的态度。虽说没有什么比家庭对斯洛伐克人更重要的了,但是工作肯定是非常接近家庭的第二名。在从中央计划经济向市场经济转变之后,斯洛伐克人的工作领域发生了重大变化。充分就业被失业率的迅速上升和密集型劳动力的外迁所取代。斯洛伐克人比其他欧洲人更重视工作,认为工作是他们生活中"非常非常重要"的一部分。当被问及这一点时,大多数斯洛伐克人会将工作定性为"绝对必要",这意味着他们从资本获利的机会并不多,工作对绝大多数人的生存来说至关重要。因此,斯洛伐克人倾向于采取非常实际的就业方法,而不是理想主义的方法。许多年轻人倾向于选择一个固定的职业,仅仅因为它的薪水和保障,而不是因为他们对它感兴趣。在社会主义时期的斯洛伐克,当时没有失业的说法,每个人的工作岗位都是根据计划经济安排好的。因此,在经历巨变之后,斯洛伐克社会在处理资本主义经济中经常与失业有关的心理和社会问题,比如抑郁症、精神病和酗酒等方面,在一定程度上遇到了很多困难。在1989年以前,有一份稳定的工作并不是很多斯洛伐克人所担心的。但在过去的 20 年里,找到一份高薪工作对绝大多数人来说具有非常高的价值。对失去工作的焦虑,也意味着许多斯洛伐克人忍受着不如意的生活条件。抱怨老板或同事,或工作太多而钱太少,也是很常见的。有的欧洲人会宁愿辞职也不愿在恶劣的工作环境中继续工作,但是许多斯洛伐克人会忍受苦难而不愿面对失业。有研究发现,斯洛伐克人即使不同意老板的命令,在服从老板命令方面的排名也高于欧洲平均水平。这进一步支持了这样一种观点:保住工作比享受工作或为工作感到自豪更重要。

对找工作或保住工作的焦虑也意味着许多斯洛伐克人对移民工人持消极态度。一项调查发现,88％的被调查者同意这样的说法,即"当工作机会稀缺时,雇主应该优先考虑国民而不是移民",而在瑞典只有 11％的人同意这样的说法。与这些态度相关的是,许多刚毕业的大学生通常会长时间工作,努力维持生计或给老板留下深刻印象,或两者兼而有之。对于一个年轻的职场人员来说,早上 6:00 离开家到晚上很晚才回来,这是非常正常的。那些决定离开艰苦工作环境的人,或者发现自己失业的人,很可能会成为个体经营者。私人公司和小企业在斯洛伐克也很常见。虽然工作被认为是斯洛伐克人生活中非常重要的一部分,但斯洛伐克人非常清楚如何平衡工作和休闲时间。例如,在塔特拉斯山脉或克罗地亚,人们可以尽情享受每年的假期和周末。

斯洛伐克有很多人相信宿命论,有着良好的顺从性。在 20 世纪的大部分时间里,斯洛伐克的政治和社会历史中隐藏着一些微妙的个人特征,包括适度的宿命论和对变革的消极态度。这样的态度也许在斯洛伐克人对 1993 年捷克斯洛伐克解体的反应上最为明显。正如我们所看到的,当时只有大约 9％的捷克人和斯洛伐克人支持"天鹅绒分离",两国政治领导人在没有举行公开辩论会或要求人民支持的情况下分裂了捷克斯洛伐克。尽管政界对捷克斯洛伐克的支持率很低,但捷克斯洛伐克的解体并没有遇到任何阻力。尽管一些斯洛伐克人至今仍会喃喃,分手是"对斯洛伐克的坏主意",但这种情绪通常伴随着一个耸耸肩的动作,好像在说"但是我又能做些什么呢"。

如今,斯洛伐克人更倾向于表达自己的观点,不过通常是以抱怨的形式,真正去采取政治或社会行动的人仍然相对较少。例如,2009 年底的一项民意调查发现,5％的斯洛伐克人同意这样一种观点,即生活中的成功是由自己无法控制的力量决定的。与这种被动态度有关的是,一些斯洛伐克人对自己的国家所持的批判态度。当然,这不应该被理解为对斯洛伐克的总体轻视。相反,这是抱怨文化的一种表现,很少转化为实际行动。当遇到挑战时,或者当发现社会的某个方面不理想时,斯洛伐克人肯定会毫不犹豫地有什么说什么,但很多时候行动并不会真正发生。在外人看来,这种表面上的消极和冷漠可能会对斯洛伐克造成伤害,或者是自我推销不力。而事实上,这种批评是出于斯洛伐克能继续以积极的方式发展的愿望。

斯洛伐克人同时兼有幻灭与怀旧的倾向。有一项民意调查显示,约 70％的斯洛伐克人赞成向民主治理制度转变,约 65％的人赞成向资本主义经济转变。但同时,斯洛伐克人普遍的观点是,在社会主义统治下,人们的经济状况普遍较好。此外,斯洛伐克人普遍认为,在民主和资本主义制度下,普通人的收益远远低于企业主和政治家。只有约 43％的斯洛伐克人表示,他们信奉民主价值观,也就是所谓的司法公平、多党选举、媒体自由、宗教自由、言论自由等等。在 1991 年的一项关于国家是否为所有人的利益而运行的调查中,71％的斯洛伐克人表示同意。但在 2009 年,当被问及同样的问题时,只有 3％的人同意。这些数字表明,在社会主义结束仅仅 20 年之后,人们对民主和资本主义的幻想日益破灭,并持续了这一趋势,特别是老一辈人,更加怀念社会主义时期。这种怀旧情怀使一些社会主义时期的产品得以继续流行,甚至更加蓬勃地发展,比如 Kofola(类似可乐的一种饮料)、Horalky(花生巧克力威化饼干)、Vinea(碳酸葡萄饮料)。尽管这些产品的生产者是坚定的"资本家",但也有人将其描述为对社会主义时代的一种怀旧。有些人会简单地告诉你,它们仍然受欢迎,就是因为它们的味道好,优于西方品牌。

斯洛伐克人有日益增长的消费倾向。年轻一代斯洛伐克人,尤其是那些 30 岁以下的年轻人,倾向于把民主和资本主义视为"自由"的同义词。许多年轻的斯洛伐克人很少或根本没有政治生活,似乎生活在一个远离父母和祖父母的世界里。这一代年轻人关心的无非是朋友和乐趣,想要的"自由"是购物的自由、玩耍的自由、不被管教的自由。被消费主义塑造起来的这一代人,与众不同,不管是好是坏,他们代表了斯洛伐克的未来。

受过去计划经济时期的影响,到斯洛伐克游玩的你有可能会注意到,"顾客总是对的"这句话在斯洛伐克并不普遍适用。当然,随着一些跨国企业影响力的增强,随着具有国际经验的老板和雇员的增加,现在情况正在发生变化。曾经在斯洛伐克,许多店员、窗口服务人员,很少微笑着提供服务。同样,对于一个看似简单的请求,听到"我不知道"也是很有可能的。在过去的日子里,无论顾客是否进入他们的店铺,服务人员的工资或多或少都是一样的低,几乎没有动力礼貌、热情地接近潜在顾客。尽管斯洛伐克自 1989 年以来已经转变为市场经济，消费主义正在兴起，但一些行为却迟迟没有跟上。这并不是简单的代际关系，年轻人从他们的父母、老师和老板那里学到了这种行为。对许多斯洛伐克人来说，"友好的客户服务对提高销售额有很大的帮助"这种观念仍然有待普及。当然，消费主义的流行，从一个侧面说明了，斯洛伐克购物者对糟糕的客户服务并不感到担忧。另一方面，那些厌倦了顽固而咄咄逼人的销售人员缠着他们去买他们不需要或不想要的东西的游客，可能会觉得更冷漠的斯洛伐克营业员令人耳目一新。例如，斯洛伐克的房地产经纪人并不会积极地试图出售一处房产，而是通常等待客户来找他们，即使是在初步接触之后，也不一定会积极地试图达成交易。同样，餐厅的员工也常常显得不急于上菜，也不会假客气地问："你吃得开心吗？"

随着斯洛伐克经济在过去 20 年转向市场驱动的资本主义，贫富差距不断扩大。在社会主义社会，每个人基本上平等地获得了工作和收入。但是随着苏式政权的结束，收入的上限和下限都消失了。消费主义和物质主义已经成为有钱人的一种象征，财富的积累往往伴随着炫耀昂贵的汽车、衣服或房子。以前还不存在的购物中心，现在可以在越来越多的地方看到。然而，辛勤的工作和财富并不一定会齐头并进，有些职业在欧洲其他国家可以获得相当的尊重和合理的薪水，但是在斯洛伐克往往工资很低。比如医生和教师，无论多么努力，工资收入都不是很高。这导致斯洛伐克年轻人渴望行医或教书的情况比其他欧洲国家要少很多。斯洛伐克的新富阶层通常是企业家或者政客。

抵押贷款、银行贷款和信贷消费在斯洛伐克也越来越普及。刚刚经历剧变的时候，斯洛伐克人从银行借钱买房子、公寓或汽车的想法并不是特别普遍。那时候,贷款上大学在很大程度上还是闻所未闻的,以前的大学受到国家的大力补贴,学费都是很低的。在过去的日子里,如果斯洛伐克人向他们的父母借钱,作为回报,他们会在年老时照顾他们,因为那时候国家养老金还很微薄。人们普遍对债务比较警惕,许多人生活节俭。但现在越来越多的人掌握了信用贷款的方法,这反映在快速增长的昂贵的汽车、衣服和豪宅的数量上。直到最近,有不少斯洛伐克人开始明白,西方人住在大房子里,开着豪华汽车,基本都是借贷和信贷的功劳。

斯洛伐克人的男女观念相对比较传统和分明。斯洛伐克的男人和女人通常保持比较传统的性别角色和观念。女性往往是很女性化的,尤其是她们的衣着,在某些情况下,几乎到了炫耀自己性取向的地步。近年来,男性变得更加注重时尚,这在十几岁和二十几岁的人群中尤为明显。随着物质主义、消费主义的兴起,尤其是在鞋子等时尚配饰方面,年轻人关注得越来越多,无论是男性还是女性。2010 年 6 月,斯洛伐克人选出了他们的第一位女总理。这位女总理曾在 2005 年成为斯洛伐克第一位社会学女教授。但是女性在 19 世纪后的政治生活中的参与度一直很低,女性在就业上面也更加不容易。广告往往可以反映女性审美的趋势。衣着性感的美女通常出现在产品广告中,在多数情况下,女性往往被描绘成比原本更美丽的形象,大部分斯洛伐克人对这点已经见怪不怪了。

斯洛伐克男人经常被欧洲其他国家的女人形容为"外表上有点普通",当然这样的标签是不公平的。然而,在性问题上,斯洛伐克人的态度还是比较开放的。例如,男老板和女员工之间的婚外情通常是被人接受的,外遇和不忠并不总是遭到蔑视,不管是男人还是女人,甚至有的人还会倾向于另眼相看,或者只是容忍这种活动仅仅是年轻人的行为,而不会引起极大的关注。斯洛伐克人对裸露身体的态度也趋于放松。暴露的泳衣,无论男女,在室内外游泳池都能看到。许多公共海滩甚至允许一定程度的裸体,尽管这些海滩上没有贴裸体区的标签或广告。当然,对性的自由态度并不完全是普遍的,一些斯洛伐克人在与异性打交道时仍然表现出守旧甚至保守的行为,老年人更是如此。例如,当一个男人陪一个女人散步时,他应该站在外面,以保护她不受过往车辆的影响。一个男人为一个女人开门,让她先通过。一个男人坐着,膝盖张开,或者一只脚踝放在另一只膝盖上,这被认为是不礼貌的。然而,这种传统的礼节越来越少了,尤其是在布拉迪斯拉发这样的大城市里,老一辈人的绅士风度几乎消失殆尽。

就两性平等而言,在经济和政治生活领域,斯洛伐克人数众多的女性在经济上还是处于不利地位。例如,男女在最近 10 年的收入差距仍然很大。男性的平均收入比女性高出 25%—30%。绝大多数斯洛伐克妇女在所谓的传统女性领域——医疗保健、教育和服务业工作。而男子往往受雇于工业、技术和工程领域,而这些领域可以获得更高的工资。女性作为儿童和其他家庭成员的主要照顾者,在经济上处于不利地位。虽然斯洛伐克男子现在开始更多地参与儿童保育工作,但这方面的责任仍然主要由女性承担。从积极的方面来看,斯洛伐克女性的受教育程度很高,与男性相当,而且健康和生存水平也很高。

斯洛伐克的阶层观念与头衔观念也在发生着转变。虽然年轻一代的礼节开始减少,但大多数斯洛伐克人非常有礼貌,对陌生人的称呼也很正式。此外,他们通常非常重视获得的学术头衔,在商业和教育领域尤其如此。例如,大学生通常会互相称呼某某博士等学术头衔。博士毕业生甚至倾向于在非正式的环境中使用他们的学术头衔,比如在 Facebook 上。在日常交流中,人们通常只在用头衔介绍自己时,或者希望表达高度敬意时,才用头衔称呼对方。在称呼一个已知拥有博士学位的人时,最好使用正式的博士头衔。在其他许多国家,这种行为可能被认为势利或者无趣,在斯洛伐克则代表着尊重。在斯洛伐克,受过良好教育的人,如果你自称拥有博士的头衔,你将得到更大的尊重。比如说,当你去医院或医生那里看病时,斯洛伐克医生尤其重视头衔,若拥有博士头衔,你会更容易受到医生的尊重。这可能与医疗和学术专业人员的受教育水平高、工资相对较低有关,因此这可能也从一个侧面反映出高素质学术人员的团结。在称呼没有学术头衔的人时,可以尊称某某先生或者某某女士。只有熟人之间,才会直呼其名。

斯洛伐克人在称呼警察时,一般也会采用正式的尊称。然而,在很多情况下,尊重可能只是表面的,因为许多斯洛伐克人对官僚主义和执法机构表示相当不信任,并持有比较消极的看法。尤其是警察本身被广泛认为是违法者,许多斯洛伐克人私下指责警察与新纳粹、黑手党和其他从事可疑活动的组织有联系。尽管这在今天越来越不常见,也不可能,但有些警察确实有可能要求超速驾驶的司机当场付现金,否则就有可能被指控更严重的罪行。近年来,斯洛伐克当局为消除这种做法开展了很多工作,但人们对警方的普遍不信任感依然存在。

多彩的人文风情

　　斯洛伐克不同地区的民族自豪感可能并不相同。作为游客的你可能会惊讶地发现,在这个小国,至少有三种强烈的非官方地区认同:东斯洛伐克、中斯洛伐克和西斯洛伐克。每个地区都有自己的方言,人们为自己的地区感到自豪,通常把它作为个人身份的一部分。虽然斯洛伐克在外国人看来有统一的标签,但斯洛伐克内部的每个地区都受到其他地区的人自己的定型观念的影响。

　　首先来看西斯洛伐克地区,西斯洛伐克人与布拉迪斯拉发有着又爱又恨的关系。这种感觉在斯洛伐克的朋克摇滚乐队Horkyze的著名歌曲 *Brd'okok* 中表达出来,它取笑来自布拉迪斯拉发的人们以及他们的说话和行为方式。广受欢迎的斯洛伐克嘻哈乐队 Kontrafakt 也在歌曲中将布拉迪斯拉发作为讽刺的素材。也就是说,其他区域的斯洛伐克人会倾向于用一种有色眼光看待西斯洛伐克。当然,西斯洛伐克人也常常取笑其他的斯洛伐克人。这个位于喀尔巴阡山脉西面的小块区域,以自己的方言而闻名,类似于摩拉维亚语。西斯洛伐克通常被认为发展落后或缓慢,原因也许就在于许多当地人拒绝讲标准的斯洛伐克语。他们也被视为节俭、个人主义和过分重视传统的人,因此有时会被贴上各种各样的刻薄、利己和贪婪的标签。过去,西斯洛伐克地区与奥地利有着活跃的贸易关系,该地区的年轻人也经常去奥地利工作。

再看中斯洛伐克地区，中斯洛伐克人，特别是奥拉瓦次区域的人，一般被其他斯洛伐克人认为对自己的"斯洛伐克民族性"过于骄傲。例如，斯洛伐克民族党的很多重要成员来自中斯洛伐克，对他们来说，这里是可以直接影响布拉迪斯拉发的地方。中斯洛伐克的方言于 1843 年编纂，是官方认可的斯洛伐克语言形式之一。当然，一些跟官方语言上的差异仍然存在。

最后来到东斯洛伐克地区，来自东斯洛伐克的人，通常很容易被其他斯洛伐克人用他们的方言来区分。一个现代的城市传说，讲述了一个来自非洲的外国学生去东斯洛伐克学习斯洛伐克语，但在布拉迪斯拉发学习时，他惊讶地发现自己"不会说斯洛伐克语"。东斯洛伐克人被认为是该国最大的生产和消费梅子白兰地与杜松子白兰地的地方。一般来说，东斯洛伐克人被其他斯洛伐克人认为过于情绪化，这意味着他们除了喝更多的酒外，也会打更多的架。东斯洛伐克人除了酗酒和爱打架之外，还被刻板地认为是雄心勃勃、目标导向和极度自信的，这说明他们在政府、娱乐业和行政工作中的代表性很强。由于东斯洛伐克普遍缺乏投资，有较高的失业率，许多东斯洛伐克人为了就业搬迁到布拉迪斯拉发和西斯洛伐克。因此，一些来自布拉迪斯拉发和周边社区的人抱怨说，东部人抢走了他们的工作，降低了平均工资，并推高了房地产成本。

说到斯洛伐克的民族主义，它虽然不是斯洛伐克人性格中可以立即被察觉到的一个方面，但是一种潜在的情感，偶尔会潜入日常对话当中。与吉卜赛人、匈牙利族人的紧张关系多年来一直很引人关注。斯洛伐克民族党利用民众对吉卜赛人和匈牙利族人的排外心理，在全国选举中获得了相当多的选票。在 2006—2010 年期间，斯洛伐克民族党是执政政府联盟的一部分,因此成功地推行了一些有争议的政策,旨在支持斯洛伐克民族主义。其中之一是 2009 年通过的《斯洛伐克语法》,该法规定,市政当局和公职人员如果不正确使用官方语言斯洛伐克语,将被处以最高 5000 欧元的罚款。实际上,这项措施是一种不加掩饰的行为,旨在阻止匈牙利语的使用,特别是在斯洛伐克南部匈牙利族人占多数的一些村庄和城镇。2010 年春天,斯洛伐克民族党还推动议会通过了一项新的爱国主义法,旨在促进国旗、国歌进入学校的教育。这项法律规定,每周一各州的中小学和大学都必须唱国歌。课程还要求展示国徽、国旗和国歌,并将其"爱国主义教育"作为课程的一部分。这些措施遇到了相当大的阻力。一位持反对意见的家长甚至说:"我儿子不会每周一唱国歌。这个星期他会生病,下个星期他的公共汽车会晚点,所以他错过了星期一的第一节课。"对爱国主义法案的抵制不是基于对国旗或国歌的不尊重,而是他们认为不应以政府法律强迫他们效忠。

斯洛伐克人通常是一个宽容的民族,但是在针对吉卜赛人、匈牙利族人和同性恋等问题上,存在着明显的紧张和冲突。例如,2009 年后期的一项国际研究证实,78% 的斯洛伐克人对吉卜赛人持反对意见。该项调查显示,在中欧和东欧,只有捷克人比斯洛伐克人更不喜欢吉卜赛人。同样,超过 1/4 的斯洛伐克人对犹太人持消极态度。同一项研究发现,34% 的斯洛伐克人认为匈牙利人是一个主要威胁。研究还显示,37% 的匈牙利人认为斯洛伐克人是一个主要威胁。真可谓是一对"冤家邻居"。在斯洛伐克,同性恋的任何外在表现仍然是普遍不被容忍的,当然也有一些迹象表明,这种情况可能正在慢慢改变。斯洛伐克男同性恋、女同性恋和双性恋社区曾试图于 2010 年 5 月 2 日—10 日在首都布拉迪斯拉发举行一次同性恋骄傲游行,但在游行之前的几周和几天里,保守党成员明确反对这项活动,将参加者描述为"变态",认为同性恋破坏了传统的家庭价值观,并在网络上威胁在游行当天使用暴力。游行组织者出于安全考虑取消了活动。因此,反同性恋示威以及警察缺乏准备和冷漠引起了来自欧美国家大使馆和外交官的批评。尽管斯洛伐克人与吉卜赛人和匈牙利族人之间的紧张关系持续存在,但斯洛伐克的种族多样性正在增强。如今,在大多数大城市的街道上,人们可能会注意到很多外国学生和其他游客。尤其是在首都布拉迪斯拉发,人们已经习惯了外国人的存在和影响,从服务业上就能明显感受出来。

斯洛伐克的残疾人虽然没有受到表面上的歧视,但在获得服务和交通便利方面却还存在很多困难。很少有企业、公共建筑、公共汽车或火车努力为身体有残疾的人主动提供帮助,因此他们在日常活动和生活质量方面面临着相当大的不平等和劣势。最近修订后的《建筑法》规定,新建筑和正在重建的建筑必须有残疾人设施。但到目前为止,关于残疾人获得交通工具上的便利的规定几乎没有修改。大城市的一些城市公交车有残疾人通道,但也并不是全部。当然,计划乘火车旅行的残疾旅客可以提前与铁路公司联系,铁路公司还是会提供特别通道服务的。

斯洛伐克在整个 20 世纪经历的巨大变化,并没有导致旧习俗和传统做法的大幅度减少。尽管当代斯洛伐克人的生活方式与 100 年前的祖先已经有相当大的不同,甚至与他们的父母也不相同,政治和社会变革仍在不断继续变化,但大多数斯洛伐克人仍然通过每年的庆祝活动,延续着过去的习俗和传统:圣诞节和复活节,定期的节日,家庭聚会,还有民间传说,等等。作为一个长期以来在外部和内部力量面前努力保持其独特文化身份的民族,他们仍然为自己的许多习俗和传统感到自豪。圣诞节是斯洛伐克最主要的节日,在这一天会有盛大的庆祝活动。即使在今天,基督教的庆祝活动仍然与古老的异教徒的冬至节有关,一些斯洛伐克人仍在讲述一些异教神话,尽管这些神话现在可能被赋予了基督教色彩。

斯洛伐克的公共假日主要有:

1 月 1 日　斯洛伐克建国日

1 月 6 日　三王节

3 月/4 月　耶稣受难日

3 月/4 月　复活节

5 月 1 日　国际劳动节

5 月 8 日　反法西斯战争胜利日

7 月 5 日　西里尔和美多德日

8 月 29 日　斯洛伐克民族反抗纪念日

9 月 1 日　斯洛伐克宪法日

9 月 15 日　圣母玛利亚节

11 月 1 日　万圣节

11 月 17 日　争取自由和民主日

12 月 24 日　平安夜

12 月 25 日　圣诞节

12 月 26 日　第二圣诞节

除了公共假日之外,11 月 30 日是斯洛伐克的圣安德鲁节。在这一天,斯洛伐克人要制作民族传统食物"哈鲁斯基",也就是土豆饺子。根据传统,未婚女孩要把写着一些年轻人名字的纸条包进土豆饺子里面,然后再放进水里煮,浮出水面的第一个名字就是她未来丈夫的名字。

12 月 6 日,是斯洛伐克的圣尼古拉斯节。这一天,斯洛伐克人传统上会互赠礼物。有些人仍然用小礼物庆祝这一天，但现在大多数人主要在平安夜才会互相赠送礼物。传统上，圣尼古拉斯节，孩子们会把鞋子或靴子放在窗台上。早上，好孩子们会发现他们鞋子里装满了小点心，通常是水果和坚果。淘气的孩子们则会在鞋子里找到煤。在一些村庄里，男孩们仍然会打扮成天使或魔鬼来庆祝这一天。孩子们还要做一个即兴祈祷，作为交换，他们会从"天使"那里得到水果和坚果，那些平时调皮捣蛋的人则从"魔鬼"那里得到煤，或者在某些情况下得到土豆。

　　12 月 24 日，是斯洛伐克的平安夜。在斯洛伐克传统上，这一天应该准备 12 种不同的菜肴。虽然现如今并不是每个斯洛伐克家庭都会准备 12 道菜，但许多家庭还是会尽量接近这一数字。有些菜肴也很有讲究，比如说放在桌上的大蒜，代表驱除坏情绪，蜂蜜代表健康，还有薄饼、坚果、豆类、干果等也都各有美好的寓意。其他的圣诞菜肴有卷心菜汤等，也可以在菜汤中加入熏肉、香肠等。现如今，鱼是圣诞大餐中最常见的主菜，据说鱼能给主人带来财富，鱼汤也很好喝。很多菜都属于平安夜的节日菜，通常的开胃菜是一杯烈酒配上烤面包，然后是圣诞华夫饼加大蒜和蜂蜜，再是汤，然后再上主菜。大多数家庭的准备工作都是从购买坚果、面粉和其他必需品开始的。然后，在圣诞节的前几天，斯洛伐克妇女都在烘烤和打扫。斯洛伐克的传统是，房子必须在平安夜前打扫得干干净净。一家人以前会在平安夜白天禁食，在晚餐时间吃饭，尽管这一习俗已经没有那么多人在遵守了。

　　在大多数斯洛伐克家庭，礼物是在圣诞夜饭后拆开的。礼物被放在一棵装饰过的树下，和其他欧洲国家一样，大多数孩子都会被告知，礼物是耶稣送来的。斯洛伐克人一般不会给予和接受大量的礼物,圣诞节也不像西方那样被全部的斯洛伐克人所认同和接受。圣诞节前,镇上的广场上会装饰彩灯,也会摆上装饰过的圣诞树。对于外国游客来说,圣诞集市可能是斯洛伐克圣诞节期间最迷人、最难忘的部分。圣诞节前的几周,小镇上的市场会出售传统工艺品、礼品、服装和节日食品、饮料。每天晚上,不管天气如何,市中心都会熙熙攘攘,人们欢呼雀跃,每个人都享受着美好的生活。比较受欢迎的传统美食有ciganska pecienka(炸猪肉或鸡肉,包上洋葱和芥末)、loksa(用小麦粉和各种馅料制成,包括大蒜、鹅肝、坚果或巧克力)、varene vino(一种酒),在某些地区还有medovina(温蜂蜜酒)。各个城市地区圣诞集市中最有名的还是首都布拉迪斯拉发的集市。圣诞节和第二圣诞节,很多人通常用来探亲,简单地享受圣诞节的气氛,有些人会参加教堂仪式或参观教堂,或者参观许多城镇广场上展示的"伯利恒"(耶稣诞生的布景)。

斯洛伐克还有举办嘉年华狂欢节的传统。每年复活节前40天的大斋期,就是斯洛伐克人所说的嘉年华狂欢节,这起源于天主教传统。现在斯洛伐克人过这个节的特点是举办很多个舞会,通常由城市、城镇、村庄、学校等机构举办。在一些村庄,古老的传统庆祝活动仍在进行。这些活动通常从四旬斋前的最后一个星期天一直持续到星期二午夜,最主要的是戏剧活动。年轻人穿着盛装、戴着面具,挨家挨户地走来走去,演奏音乐和唱歌。这些歌通常是专门写给家里未婚的姑娘们的。招待客人的通常是在四旬斋期间禁止吃的熏肉等食物。就像斯洛伐克的许多庆祝活动一样,大量食物和饮料与习俗密切相关,猪肉果冻、馅饼是其中比较典型的,也是比较受人们欢迎的。

和许多欧洲国家一样,复活节是斯洛伐克的重要节日。在斯洛伐克,复活节的庆祝活动从当周的周四就开始了,一直要持续到下一周的周一,一共五天。这五天还有其各自的名字,代表了不同的含义。周四被称为"绿色星期四",寓意净化心灵。周五被称为"耶稣受难日",也叫"耶稣受难节",这一天是国定假日。周六被称为"白色星期六",寓意为耶稣守夜。周日便是复活节当天,寓意耶稣重生。周一被称为"复活星期一",寓意保持健康。虽然大多数人在耶稣受难节不上班,但大多数商店和超市都会在这一天开门营业。通常家里的女人们会忙着做饭、烤东西、做其他的饭菜准备和打扫屋子。典型的复活节周一大餐包括土豆沙拉、蛋黄酱、熟火腿、冷切和三明治。女人们还要准备传统的装饰性复活节彩蛋,彩蛋要经过吹制、染色或手绘复杂的图案。在复活节,还有一个特别的斯洛伐克风俗。在过去,男人会拜访他们亲密的女性朋友或家庭成员,一大清早就开始,把一桶水倒在女孩的头上,然后用一束又长又细的柳枝、桦树或装饰过的树枝(称为 korbac)轻轻地敲打她们的腿。泼水和鞭打被认为可以让女性在接下来的一年里保持生育能力、健康和纯洁。树枝用手工制作的彩色丝带装饰,据说,这些丝带是由每个被泼水女孩依次加上的,这证明了男孩设法泼水和鞭打的女孩人数,这件事会持续进行一整天。这一习俗现在已经很少被遵循了,特别是在城市里面。但在一些地方,这一习俗仍在继续,不过是以一种更温和的形式,倒一桶水被喷香水、倒一小杯水或一支水枪的快速喷射所取代。作为对这种关注的回报,女孩们需要给男孩们一些零钱或彩蛋或巧克力蛋。按传统来说,如果一个未婚女孩没有成为这些活动的目标,她就会被认为是没有吸引力或不适合结婚的,但现在很少有人认真对待这些说法了。在那些延续着古老传统的村庄里,男人们可能背着拨浪鼓和编织的科尔巴特骑马,也会穿着传统的民族服装唱歌、拉手风琴,这一传统对男人来说是比较珍贵的。当然,女人们常常会害怕,她们中的一些人在多次被泼水之后,每天都要换好几次衣服,而她们中的许多人在前两天一直在努力工作,为复活节大餐购物和准备食物。斯洛伐克的女记者马蒂娜·皮斯曾经评论说:"在我的一生中,从来没有见过一个女人会赞美这个传统。"然而,斯洛伐克的男人们说女人们只是假装不喜欢,却暗自喜欢成为人们关注的焦点。

在斯洛伐克的日历中,一年中的每一天都至少对应着一个姓名。因此,斯洛伐克人还可以庆祝自己的名字日或姓名日(梅尼尼或斯维亚托克),也就是与自己的名字相对应的日期。姓名日和一个人的生日一样重要,因此给孩子起的名字通常都有一个日期,谁会希望他们的孩子错过一个额外庆祝的机会呢?所以,姓名日和生日庆祝活动,不仅仅局限于在家里和朋友之间,在工作场所和学校也很常见。庆祝者通常会送糖果或一杯酒。亲密的朋友和同事通常会给庆祝者一个小礼物,如鲜花或一些甜蜜的东西,并祝这个人"万事如意"。然后,正式握手或亲吻双颊,并作简短发言。对于外国人来说,这种交流可能显得相当正式。斯洛伐克人很少会简单地只说一声"生日快乐"。尽管在过去的日子里,天主教会提倡在生日时庆祝姓名日,因为后者曾经被视为异教传统,但今天的斯洛伐克人却以同样的活力庆祝这两个节日。当姓名日或生日庆祝者在餐厅举办派对时,客人自然会带来一份小礼物,但聚会费用一般会由庆祝者来承担。

斯洛伐克还有周六婚礼的传统。斯洛伐克的婚礼几乎无一例外地在星期六举行。与大多数斯洛伐克庆祝活动一样,这一天也有传统,有几个独特的元素。婚礼当天早上,新郎通常会到新娘父母家去看望新娘。传统上是由一位年长的男性家庭成员或朋友代表新郎发表演讲,然后新郎向新娘的父母求婚。作为回应,父母会给新人祝福,然后新娘和新郎通常会直接去拍婚纱照,这时双方都会盛装打扮。他们还会在婚礼前举行一个仪式,一般会由身穿传统服装的司仪主持。在仪式上,新娘需要致辞,一般表示衷心感谢父母的养育之恩。斯洛伐克不同的地区和不同的家庭有着不同的婚礼传统。有些地方还会有一个特别的习俗,那就是需要向当地农民提供斯里沃维卡(李子白兰地)作为贿赂,这些农民就会在新娘和新郎往返教堂或市政厅的路上阻挠他们。当地男子会停下装饰过的婚车,拿出一些小瓶白兰地酒或小零钱作为祝贺的回报。传统上讲,一个年轻的女孩会收集李子为她将来的婚礼做白兰地,或者他们的父亲会在女儿出生后不久做白兰地,一直保留到结婚的那一天。这一习俗在现代仍在延续。

在教堂举办的仪式,通常是婚礼一天中最短和相对比较容易的部分,通常只需要一个小时左右的时间。别以为教堂仪式结束后整个婚礼就结束了!相反,婚礼庆典才刚刚开始。教堂仪式结束后,新婚夫妇一个接一个向客人致意,接受他们的祝贺,有时还会送花,然后前往庆典接待地点,客人们聚集在那里,有时还会有一支罗马乐队伴奏。然后,开始举行一个盘子打破仪式,需要把一个盘子摔在地面上,把它摔得粉碎而祈求带来好运。新郎新娘还必须把碎片扫干净。有些客人会在这一环节上玩得很开心,把碎片踢来踢去,让打扫变得有趣而困难。这个时候的新娘子必须打扫得格外小心,按传统说法,任何剩下的一片碎片都象征着她丈夫和其他女人所生的孩子。婚礼庆典上的第一道菜涉及另一个传统,新娘和新郎将一个碗里的汤用一个勺子互相喂对方,象征着夫妻之间必要的分享和关心。在接下来的漫长的晚餐和舞蹈之夜,客人们经常敲打他们的眼镜,作为新婚夫妇亲吻的信号。其间,大家会合唱一首俄罗斯的祝福歌曲 *Zivio*,来祝福新婚夫妇。通常的婚礼派对会一直持续到凌晨。传统的舞蹈有:塔内克(新娘舞)、梅特洛维·塔内克(扫帚舞)和扎塞普切尼(摘下面纱舞)。新娘舞包括每个男客人和新娘跳舞,每个女客人和新郎跳舞。当更多的零钱被加到罐子里时,音乐会变得更快。这笔钱归这对夫妇,一般会被用来安家。扫帚舞会有一个落单的男人参加,他将一把扫帚作为他的舞伴。当音乐停止时,他放下扫帚,每个人都快速交换舞伴,没有舞伴的人就必须和扫帚跳舞。

摘花冠是另一个古老的斯洛伐克婚礼传统。新婚妻子摘下她曾经戴过的花环,戴上精美的帽子。花环代表纯洁处女,帽子标志着她从少女时代到成年女性时代的转变。当花环被摘下时,年长的女客人们会一起唱歌。如今,这一传统通常包括新娘在新郎的陪同下,被当地穿着传统服装的妇女摘下面纱。该妇女通常会问新娘一些棘手而又幽默的问题,回答完所有的问题后,新娘的面纱就会被戴在另一个女孩的头上,作为她明年结婚的标志。一些斯洛伐克婚礼还涉及象征性的"绑架"新娘,此时需要新郎假装在庆典会上没有密切关注他的新婚妻子。年轻的男性客人会把新娘偷到当地的一家酒吧,在那里他们喝啤酒、香槟,直到新郎找到他们。然后新郎还需要付账单,作为一种快速解救新娘的措施。这在有些大城市可能会是一项比较艰巨的任务。

斯洛伐克的乡村生活方式在 20 世纪基本上被打破,但在一些地区仍在继续。各种各样的民俗文化生机勃勃,甚至在年轻人中也是如此,这在很大程度上要归功于社会主义时期苏式政府大力推动民间文学艺术的庆祝活动,将其作为社会主义社会的一项重要内容。鼓励民间文化,使人们对自己的艺术、音乐和舞蹈保持兴趣,而不是只会羡慕其他国家和社会的文化和艺术欣赏方式。正是考虑到这一点,斯洛伐克政府资助创建了很多专业民间团体,如斯洛伐克民间艺术协会、斯洛伐克国家民俗芭蕾舞团等。斯洛伐克的民族服饰、舞蹈和音乐反映了该地区在其历史上所受到的各种影响:凯尔特人、罗马人、匈牙利人、斯拉夫人和德国人。7月到9月之间的许多节日里,斯洛伐克人会用音乐、手工艺品和食物来庆祝丰富的传统节日。斯洛伐克最著名的民间节日——Vychodna民俗节,已经在斯洛伐克中部的Vychodna村举行了近60年,那里有斯洛伐克最好的剧团和国际表演者。如今,民俗节Vychodna是一项公共活动,由国家电视台录制和播出。全国各地都有类似的民间节日,一直持续到9月。例如,一些城镇在9月初会举办一年一度的民间传统集市。这些展销会性质的集市,通常包括举办活动和摊位售货,工匠们在那里出售手工艺品和商品。其中最著名的是位于班斯卡·比斯特里察的拉德万斯基·贾莫克,被称为"万国博览会中的博览会",据说斯洛伐克最著名的强盗尤拉杰·杰诺西克以前也来过这里。在班斯卡·比斯特里察风景如画的老城市中心,有伴随着民俗的合奏、音乐会、比赛、旋转木马、一年中的第一个布希亚克(一种葡萄酒)。紧随其后的是每年在特尔纳瓦举行的特尔纳夫斯基音乐节。

　　在斯洛伐克交朋友是非常重要的,他们对待朋友通常高于一切。斯洛伐克人很少有假朋友。在生命早期建立的友谊,通常是通过学校、邻居或早期的工作关系建立起来的,这个朋友关系尤其牢固,往往能持续到成年甚至老年。虽然我们可能习惯于与某人见过一面,然后将此人称为朋友了,但在斯洛伐克这种情况却很少。对斯洛伐克人来说,这样的人只是认识的人或者熟人,友谊需要更长的时间才能发展。同样,我们在熟人之间常常习惯于直呼其名,或者直接叫他们的昵称。在大多数情况下,斯洛伐克人会对这种不正式感到不舒服,斯洛伐克人更喜欢使用完整的全称姓名。斯洛伐克人是一个高度社交、热情好客的民族,所以一般说来,外国人在斯洛伐克结交斯洛伐克的新朋友方面不会有什么问题,而新朋友也很可能会成为好朋友。其中比较简单的方法就是去酒吧,但这并不意味着你必须喝酒。虽然斯洛伐克人会喝很多啤酒,但他们也可以因为其他事情经常去酒吧。一杯斯洛伐克的可乐可能和啤酒一样,都是酒吧里常见的饮料。斯洛伐克的酒吧文化包容了年轻人和老年人,而且退休男性可能比其他人群去酒吧的次数更多,人数也更多。

斯洛伐克人通常都比较守时,特别是在朋友之间的会面和安排上,会更加信守承诺。例如,很少有斯洛伐克人不打招呼不出席计划中的会议。万一计划改变,你肯定会及时得到通知。与斯洛伐克人交谈,你可以谈论自己的兴趣爱好,无论是生意、爱好、家庭还是其他方面都没问题。你可能会惊讶地发现,你很快就可以被新认识的斯洛伐克人所接受。许多斯洛伐克人喜欢听外国游客讲述自己的生活,因此,如果你有家人、朋友和家的照片,这些照片将大大有助于提高你在斯洛伐克朋友圈子中的受欢迎程度。一般来说,询问斯洛伐克人自己的爱好、家庭或工作是比较安全的话题。这些话题是破冰的良方,一旦你们找到了一些共同点,你们就可以愉快地继续讨论其他话题了。一般来说,聊天中表现出极大的自信在斯洛伐克不被认为是一种美德。斯洛伐克人通常倾向于把谦虚作为朋友的品质。正如我们前文所讲到过的,斯洛伐克人往往对本国的政治、经济和社会状况持批评态度,因此,这些也是朋友之间很好的话题。当然,你也可以请他们推荐一些参观的地方,不过大多数斯洛伐克人对于那些"最佳旅游景点"会持有各自不同的看法。

在斯洛伐克,好朋友之间不分性别地表露一下感情,是一种正常且常见的现象。朋友见面时会亲吻或握手,有时还会拥抱。两个年轻女孩间经常还会手牵手一起逛街。友好的关系不一定只存在于朋友之间,邻居、同事或者其他常见面的人之间也可能是常态。与熟人见面时友好地说"多布里登"(早安)或者"多布里维克尔"(晚安)是一种常态。这种问候也经常发生在公共电梯、火车车厢或小商店里,有时候也适用于完全陌生的人之间。不过,当斯洛伐克人问朋友或熟人"阿科萨玛?"(你好吗?),他们通常是认真的。换言之,这句话并不像其他地方那样,只是作为一种问候语来使用,斯洛伐克人的回答将是一种真实的表达,有时还会非常详细地表达个人的感受。熟人和朋友之间的热情关系以及普遍的友好关系,反映了斯洛伐克和谐良好的社会体系。"你认识谁"是斯洛伐克社会的一个重要因素,因为这样的人际关系可能会减少开支,避免繁文缛节,确保就业,并在适当的时候寻求帮助。人际关系也是当今斯洛伐克社会一个重要且明显的组成部分。人们常通过家人、朋友和友好的熟人来参与经济、社会和政治,显然人际关系在斯洛伐克对决定一个人的命运有很大的帮助。

如前文所述,等级和头衔反映在斯洛伐克人相互称呼的方式当中。这种礼节不应该被忽视,因为任何细微的不检点的行为,都可能被斯洛伐克人认为显得粗鲁、不友好或不尊重等等。衡量你何时从熟人变成朋友的一个好方法是,注意与联系人之间的礼节何时开始放松。同时,问候在斯洛伐克也很重要。当你进入一家中小型商店或者在公寓里使用电梯时,一定要向店主或其他电梯乘客致意。特别在有些小地方,当你遇到陌生人时,向他们打招呼仍然是习俗,有时候在这种情况下保持沉默会被认为是不礼貌的。你可能会觉得这只是一种空洞而客套的礼貌,但斯洛伐克人却赋予了它相当大的意义。而且请一定注意,"早上好"不应该在早上 8 点之后使用。这对于习惯于在中午之前都可以用"早上好"打招呼的我们来说,可能会有一点不习惯。

在斯洛伐克,开诚布公很重要。简单来说,斯洛伐克人是一个开放和直接的民族。在商务谈判和日常交往中,他们通常直截了当,很少会浪费时间婉转地表达。一个外国人出于礼貌而使用"也许"或者"可能"这样的词语,通常还会被斯洛伐克人认为缺乏目的性。如果在斯洛伐克直截了当地表明立场或需求,你可能会发现自己更容易被理解了。

在斯洛伐克,关系比较亲密的人之间,经常会被邀请到当地的酒吧或餐馆喝一两杯啤酒。这种邀请在男性朋友中尤其常见。被邀请到家里拜访是斯洛伐克人真诚友谊的象征。如果你被斯洛伐克人邀请到家里,肯定会受到最热情的款待、热情的握手和灿烂的微笑。大多数斯洛伐克人没有独立的大房子,一般是住在公寓里面。从外面看,有些公寓明显具有并不那么遥远的社会主义时期的特色,这些建筑一般强调功能而不是外表,当然近年来以前统一的双色调灰色外墙已经开始被涂上了彩色。当你进入一个单独的公寓时,房间里面一般都装修得很漂亮。受邀的客人通常会给主人带一件小礼物,一瓶葡萄酒或一点甜点都比较合适。在斯洛伐克人中,守时是很重要的,尤其是被人邀请时。他们会为客人准备非常精致的饭菜,至少有三道菜(汤、主菜和甜点),如果你迟到了,很可能会浪费掉,那就太可惜了。进屋脱鞋是意料之中的事,尤其是当你去公寓的时候。出于礼貌,房屋的主人可能会告诉你不用换拖鞋,但你还是应该把鞋脱下来放在门口。

斯洛伐克人通常非常好客,到他们家里做客,他们会给你准备一顿丰盛的美食,还会加上饮料和零食。有时候是饮料,有时候可能是酒,比如李子白兰地或杜松子白兰地,这些白兰地很多时候还可能是自制的。如果你是一个不喝酒的人,可以喝一小口品尝一下,或者礼貌地解释你不能喝酒。送客的时候,斯洛伐克人还会准备伴手礼,有时候会送你一块小蛋糕或一瓶酒,你就拿着吧,因为在斯洛伐克,客人应该接受这样的礼物。在斯洛伐克人的家里,你的杯子和餐盘很少会是空着的。午餐一般是一天中主要的一餐,所以如果在这个时候受到邀请,你会吃到很丰盛的大餐,尤其是在星期天。如果你喝完了杯子里的饮料,或者吃完了盘子里的美食,这在斯洛伐克意味着你希望再得到一份。所以如果你不想再吃了,就要习惯留下一点点东西。作为受邀之后的答谢,你可以礼貌地邀请你的斯洛伐克朋友到餐馆吃一顿。

与中文、英文名字相比,斯洛伐克人使用的名字范围似乎要小一些。有些名字你一定会一遍又一遍地听到,比如雅娜、马丁、简、米罗、卡塔琳娜、维罗尼卡和祖扎娜等等,很少有不寻常的名字。虽然从技术上来说,父母可以选择任何他们喜欢的名字,但如果他们选择的名字不是公认的名字,出生登记员为了孩子考虑还是有权拒绝的。不过,这一现象也在发生变化。这些年很多时尚的斯洛伐克家长,会给孩子取很洋气的名字。斯洛伐克人的名字常见的有斯拉夫(光荣)和米尔(伟大、著名或和平)。许多名字是由斯拉夫元素组成的复合名字,例如米罗斯拉夫、弗拉基米尔或雅罗斯拉夫。和所有斯洛伐克语单词一样,重音放在第一个音节上。斯洛伐克妇女的姓氏通常以ova 或者 ska 结尾,这在斯洛伐克表示对女性的尊敬。有时候斯洛伐克人也会给外国友人加上这样的结尾,比如说凯伦·史密斯(Karen Smith)就可能会成为凯伦·史密索娃(Karen Smithova),特别是在一些正式场合。在朋友和家人之间,斯洛伐克人一般会用昵称相称。

　　家庭是斯洛伐克人生活中非常重要的一部分,在实行社会主义制度之前,天主教会对家庭结构有很大影响,在斯洛伐克农村社会,家庭是生存的重要因素。即使在今天,斯洛伐克的家庭价值观仍然比欧洲其他地方更为强烈。在 1989 年以前,法律保障个人在完成学业的第二天就有工作,因此经济保障更为确定,结婚和早早地成家是常态。然而,从 1989 年之后,不断变化的经济和近 20％的失业率,已经阻止了很多年轻人早结婚这一点。许多年轻的斯洛伐克人现在会选择到国外旅行或先工作一段时间。直到现在,年轻人通常还是和父母住在家里直到他们结婚。尽管他们中的大多数人都能从学校毕业并找到一份工作,但留在家里更省钱,所以他们觉得并无不可。当然,近年来也有很多年轻人开始搬出去,这反映了工作机会的变化,也反映了外部文化的影响。当斯洛伐克人倾向于很年轻就结婚时,在家里待到结婚并不是很大的困难。在社会主义时代,每个人都有机会工作和获得一套成本相对低的公寓,通常一毕业就能结婚、工作,开始自己的生活。在 20 世纪 70 年代,斯洛伐克夫妻平均只相识 3 个月就结婚了,女人通常在 22 岁时怀孕。在婴儿潮的那时候一年里出生了 10000 个婴儿,现在一年只有 5000 个婴儿出生。

　　现如今,许多年轻人离开家乡到布拉迪斯拉发学习或工作,特别是那些来自中东部斯洛伐克的年轻人,通常与同事或朋友一起租住公寓。正因为没有了过去那种有保障的工作和廉价的住房,年轻人就会推迟结婚,直到他们买得起自己的房子,通常还只是一间小公寓,而且生育第一个孩子的平均年龄也正在不断上升。今天的年轻人,甚至比几年前都更加认为教育和工作比婚姻和婴儿更重要,这清楚地反映了当前斯洛伐克政府需要面对的挑战。尽管发生了这些变化,斯洛伐克的家庭关系依然非常紧密,而且人们对家庭的忠诚是第一位的,其次才是对其他人的忠诚。虽然年轻人在结婚前可能不再住在家里,但许多人仍然会为父母的生活费用提供力所能及的帮助,而且由于斯洛伐克是一个相对较小的国家,因此也很容易定期回家探访。

老年人现在是斯洛伐克人口中增长最快的一部分。年迈的父母或祖父母与较年轻的家庭成员住在一起或附近,仍然是斯洛伐克的传统。在过去的 20 年中,随着经济的变化,养老院和长期护理设施也发生了变化,尽管仍然很少见,但现在这是一种社会的发展趋势。同样,祖父母文化也发生了巨大的变化。三四十年前,人们平均在 45 岁时就成了祖父母,他们认为自己在生活中的主要角色是照顾孙子孙女。现在家庭可能分散了,孩子年龄也大了,祖父母也变老了,彼此间的代沟也拉大了。由于要照顾的孙子孙女越来越少,养老金也很少,斯洛伐克的老年人越来越孤立无援,有些人虽然生活贫困,但还是希望能健康长寿。在这部分人群中,抑郁症的发病率越来越令人担忧。

今天的斯洛伐克家庭往往有一个或两个孩子,如上文所述,随着教育和其他环境的变化,初为人父母的平均年龄一直在上升。在过去的三四十年里,一个家庭的孩子数量急剧下降,从 1960 年的平均 3.04 个,一直降低到现如今的 1 个左右。随着斯洛伐克父母的日常工作生活发生变化,他们子女的日常生活也发生着变化。最近的研究似乎支持了斯洛伐克人的普遍共识，也就是，今天的孩子比过去几代人更不守纪律，更多动，更娇生惯养。他们的闲暇时间主要是花在玩电脑、听音乐、看电视、和同龄人在一起上。有些孩子还会积极从事手工艺品、家庭装修或休闲园艺等劳动。研究表明，只有 15％的斯洛伐克儿童经常从事业余爱好，35％的儿童偶尔从事业余爱好。在青少年中，业余爱好更为少见，大多数人喜欢独处或与朋友在一起。几乎一半（48.4％）的斯洛伐克儿童和青年不从事休闲活动，大多数人花在与朋友聊天、打电话或发短信上的时间与他们花在阅读、完成家庭作业或搜索信息上的时间一样多。类似的研究表明，年轻人参与斯洛伐克社会和政治生活的比率近年来一直在下降。当然，这种趋势并非斯洛伐克独有，但它对斯洛伐克社会和文化的未来最终意味着什么，值得研究。儿童在教育中仍然受到高度重视。今天的斯洛伐克社会以及青年人的教育、工作和旅行机会与 21 世纪以前完全不同。许多斯洛伐克人喜欢在外待很长时间，经常可以看到孩子们在街上和公园里玩耍，年轻的父母推着婴儿车。

一直到 1990 年，撩人的、性感的图片在斯洛伐克的大众媒体上普遍被拒之门外。如今，衣着性感的男男女女在广告和媒体上已经司空见惯，社会也发生了普遍的转变，关于性和性道德的讨论变得更开放。斯洛伐克学校会为儿童提供性知识和生理学的基本知识。大多数斯洛伐克人的性关系还是建立在爱情的基础之上的。研究表明，婚前性行为在斯洛伐克很常见，男女在 17 岁和 18 岁左右都有第一次性经验。斯洛伐克刑法规定，性行为的最低合法年龄为 15 岁。在斯洛伐克，人们对爱情和性的普遍态度是漠不关心。年轻的情侣在公共场合热情地拥抱或者亲吻是一种常见的景象，大多数过路人很少或根本没有注意到。

　　对一些斯洛伐克人来说，一天最早可以从凌晨4点就开始，尤其是那些需要依靠公共交通工具到达工作地点的人。虽然正式营业时间通常是上午9点到下午6点(中午休息一个小时)，可实际上许多斯洛伐克人到达的时间要早得多，离开的时间也要晚得多。午餐是一天的主餐，工作场所和学校的自助餐厅也不少见。斯洛伐克劳动法要求雇主在工作场所或附近为雇员提供充足的营养午餐。不能为员工提供午餐的小企业和商店会给他们一些代金券，这些代金券可以在大多数餐馆、杂货店和超市使用。日常的新鲜食品采购通常是由女性完成的，通常是下班后，一般不会一次买很大的量。大多数斯洛伐克人工作日通常不和家人一起吃饭，因为孩子和父母回家的时间不同。有些人会晚上出去吃饭，也许是和同事或朋友一起。斯洛伐克妇女一般都非常注意孩子的饮食，很多人每天为孩子做不同的营养均衡的美食。整个大家庭往往只在周末一起吃饭，周日午餐是一个常见的大家庭聚会，通常会持续一下午的时间。在大多数斯洛伐克家庭，星期六还是一起做家务的日子。家庭清洁工作通常由家里所有人一起负责，母亲和女儿一般会负责扫地和洗衣服。

走近教育与文学

先一起来看看斯洛伐克的教育情况。斯洛伐克的基本学校制度由学龄前教育(幼儿园,3—6 岁)、小学(第一阶段,6—10 岁;第二阶段,10—15 岁)、中学(包括文法学校、职业学校、职业培训学院和音乐学院等,15—19 岁),以及高等教育(大学,19 岁以上)组成。斯洛伐克的学校可能由政府、教会或私人资助,近年来私立学校的数量急剧上升。斯洛伐克规定孩子 10 岁之前必须上学,至少上到 16 岁。斯洛伐克中小学生每周上学 5 天,每天要上 6 节课。除了斯洛伐克语之外,现在第二语言(主要为英语)教学早在幼儿园阶段就开始了,专门的英语幼儿园也非常普遍,特别是在一些较大的城市。在斯洛伐克,教书是一种报酬相对不高的职业,大学以下学校的师资队伍普遍人手不足,大学也往往无法提供足够的工资来留住或吸引高质量的专家和有能力的教师。

一般情况下,斯洛伐克的孩子们要读 4 年幼儿园,再升入小学。大多数孩子从 6 岁开始上小学,标准小学持续 9 年,一直到 15 岁。斯洛伐克几乎所有行业都有中等培训和技术学校。对年轻人进行特定职业的培训,可以在小学毕业后立即开始。同样,在进入任何一所中学之前,学生必须申请并通过入学考试。如果学生希望在未来的大学研究中保持他们自己的选择,他们一般会倾向于申请进入中等文法学校或体育学校,或者混合的学校。

在斯洛伐克的中小学,按 1 分(最好)到 5 分(最差)给学生打分。与欧洲国家稍微不同的是,斯洛伐克的中小学教师倾向于教授学生更多的知识,而不是现在欧美流行的快乐教育。尽管自东欧剧变以来,斯洛伐克国营教育机构因经费减少而遭受了很大的损失,但与世界许多国家相比,斯洛伐克的中小学教育仍然处于相对较高的水平。而且,大多数斯洛伐克学生比许多北美和西欧学生更了解地理、物理等知识。家庭作业一般每天都有。参加课外活动的孩子不是很多,一般男孩子会参加运动,女孩会学习舞蹈。大多数人放学后的习惯是和朋友们出去玩。孩子的父母也会给他们零花钱。虽然青少年可以从 15 岁开始合法工作,但能给他们课外兼职赚钱的工作机会不是很多。在大多数地区,成年人的工作岗位也不是很够,所以更不用说青少年的兼职了。唯一的例外是在首都布拉迪斯拉发,那里的年轻人可以比较容易地在快餐店找到工作。

斯洛伐克中学生毕业前还会有一个传统的成年礼。这项大型活动通常在 10 月下旬或 11 月举行,是一个非常正式的舞会,学生们用美食和戏剧隆重地招待他们的家人和老师。女孩子们全力地打扮自己,男孩们则会优雅地穿上燕尾服。每个学生都会收到一条绿色的小丝带,他们会将其佩戴在显眼的地方,这是一个视觉上的提示,表示他们即将毕业。斯洛伐克的传统说法是,如果你不戴丝带,你就不会毕业。此外,在毕业前的几个月里,学生们会把钱包大小的毕业通知发给他们的朋友、家人和亲戚。这是一张装饰精美的卡片,上面会印上迷人的肖像,还有生日和同学名单。学生们还会一起设计制作一幅整个大班的画像。在毕业前的大部分时间里,这张画像都会被放在镇上商店或银行的橱窗里,然后还会和往年的画像一起放在学校的大厅里。中学时期是大多数斯洛伐克人形成持久友谊的时期,当一个班级的成员在以后的学习中再待在一起时,这种友谊可能还会得到加强。同学们至少每 5 年有一次定期的班级聚会。

1989 年之后,斯洛伐克的高等教育机构体制经历了快速扩张。1989—2008 年 20 年间,本科生的人数从 60567 增加到220102,研究生的人数从 3875 增加到 10417。根据 MESRS 高等教育 2012 年年度报告,该国高校共有教职员工 21468 名,其中 46.0％为教师,7.5％为研究人员。国家科教研体部是高等教育机构的最高直接负责主体。斯洛伐克高校和大学校长大会直接相关联。大学校长大会是一个非正式的团体,旨在就广泛的问题,尤其是高等教育机构预算政策方面及科学政策等问题,提出建议。斯洛伐克高等教育机构通过以下两种方式获得公共科技资金:机构资金(从国家预算拨款)、竞争力强的项目资金(研发补助、国家研发计划、机构基金等)。

斯洛伐克的高教教育法规定了三种类型的高等教育机构:综合大学、高等教育机构和专业高等教育机构。所有类型高校都能提供本科学习项目。高校的分类或转型,要根据国家高等教育法,由国家评审委员会来执行。国家评审委员会每 6 年对高校进行一次评估,主要针对科研水平、教职工数量及质量、技术设备和基础设施等。2011 年,国家评审委员会从 35 所高校中,确立了 11 所高校"综合大学"的地位。现如今,斯洛伐克共有 20 所公立高等教育机构、3 所国立高等教育机构、12 所私立高等教育机构,另外还有 4 所外资高等教育机构。

公立高等教育机构成立的资金补贴主要来自国家教科研体部,但这些高校也有额外的收入,如学费收入、创业活动收入、财产收入、提供继续教育收入等。公立高等教育机构实行自治和自我管理,根据高等教育机构的内部规则,由自治机构进行管理。国立高等教育机构主要是以下三种类型：武警、军事和医疗。武警高等教育机构属于内政部的管辖职权范围之内，此类高校主要培养警察部队和从事安全服务的毕业生。军事高等教育机构属于国防部的管辖职权范围之内，此类高校主要培养服务军队需求的毕业生。医疗高等教育机构主要是培养医疗专业人才。相比公立高等教育机构，国立高等教育机构没有完全的自主权。例如，一些国立高校在设定录取报名人数、编制学习计划、创建组织机构等方面没有自主权，而是要服从于相应部门的规定。国立高校与国家预算紧密联系在一起。当然，国立高校提供的学习项目、研究领域，在完成认证的条件下，公立和私立高校也可以开设。斯洛伐克的私立高校是非营利性组织，旨在为服务类公司或有限责任公司提供教育和科研培训课程。此类高校由国家授予运营资格，并获得评审委员会的同意。来自欧盟成员国的外国高等教育机构可根据其居住地的国家立法提供教育。但大多数斯洛伐克的高等教育法规并不适用于这些机构，所以这些高校运营需要教育部的批准。

斯洛伐克高等教育的学习项目主要分为三个阶段。第一阶段学习项目——本科学习计划，旨在培养学生获取科学、艺术及其实际的应用管理等理论和实践知识。学制是 3—4 年，根据学制的要求，学生需要完成 180 或 240 学分。顺利完成本科学习计划的毕业生可获得学士学位。高等教育机构为每个研究项目都准备相应的学习计划，学科大类（研究领域）共有 9 种：教育与培训；人文与艺术；社会经济与法律；自然科学；建筑；技术制造与通信；农业与兽医；医疗保健与服务；信息科学数学与信息通信技术。在此之下，又可被细分为 27 种（各自有不同的内容），但许多研究领域只能在博士生教育时进行。第二阶段学习项目——硕士研究生、工程师、医生专业学习计划，学制为 1—3 年,相应所需 60—180 学分。第一、二阶段学习计划连读的情况下,为 5 年制。顺利完成第一阶段学习计划的学生才有资格进入第二阶段的课程学习。目前,斯洛伐克还没有将毕业研究生直接转换为社会劳动力的具体渠道,学校会试图与社会企业建立合作关系,帮助学生就业。2002 年 1 月 31 日,斯洛伐克议会通过高等教育法修正案,2009 年 10 月开始实施。该修正案支持高校在校生进行学校及学习领域的交流和变通,也给学生提供高校和企业的合作项目,并建立企业孵化基地、初创企业等。当下,国家的就业指导体制正在不断完善和优化中,学生临近毕业时,会有专门的"就业日"活动,旨在让学生了解当下的劳动力市场需求状况,更好地与潜在企业签订就业合同。研究生学习项目、工程师、医生学习项目最终需要通过国家考试。考试主要包括毕业论文答辩,还有 3—4 个考试科目。考试未通过的情况下,学生可以再次补考。国家考试的每一部分单独进行评估。整个这一阶段的学习评估可分为两个档次:优秀和合格。硕士学位证书主要包含以下信息:学习领域、学习项目、学位、高教证明、院系以及补充学位。第三阶段的学习项目——博士研究生学习计划,全日制学制为 3—4 年,在职最长为 5 年,学习计划由学习和研究两部分组成。报考条件是成功完成第二阶段学习计划的学生。在博士生录取之前,学校会公布研究主题,申请者需要从所给主题中选择自己的研究主题。

近些年来,斯洛伐克的高等教育出现许多问题,人口老龄化也深刻影响高等教育的发展需求。2007—2013 年间,高等教育报考人数从 85000 下降至 60000。在 2013/2014 学年,本科生数量下降到 182842,硕士研究生数量下降到 10009。斯洛伐克学术排名和评级机构首次指出,2013 年,高校报考人数低于计划招生数目,高校优秀师资缺乏、教学质量下降的缺陷,直接导致学生报考兴致降低。博士生教育也面临着同样的问题。斯洛伐克高校专心教学,大多数高校的科研质量是中等偏低。2015 年世界大学网络计量排名前 1000 名高校中,只包含两所斯洛伐克大学。2012 年,斯洛伐克政府指出了高等教育的高数量和低质量问题,由此提出禁止申请新的高校计划。然而,只要符合法律所设定的高校成立条件,政府便很难否决新高校的申请。政府认为新成立的大学主开设学习项目应该为市场营销、国际商务、德国旅游,提倡培养这方面的专家,因为这些学科专业的举办成本比较低,可以在短时间内见到成效。有关研究人员的国际流动性较少,从一个侧面体现出斯洛伐克的教育国际化程度。欧盟统计局的相关数据显示,2011 年斯洛伐克研究人员 97.9% 为国内人士,国际研究人员仅占 2.1%。斯洛伐克在移民国家排名中移民率最高。现在没有准确数据显示斯洛伐克科学研究人才的外流,但人才流失被认为是该国的一个严重问题。

政权更迭给斯洛伐克高等教育的发展带来不利影响,1989 年之后高等教育的快速扩张也导致了教育质量下降以及高等教育供过于求等问题。这些问题也直接影响了该国高等教育机构的国际排名整体靠后,但其中也不乏优秀的高校。以布拉迪斯拉发夸美纽斯大学管理学院为代表的一批高等教育机构,因其广泛的国际交流与合作等,在商科管理类学科的发展和治理方面理念比较先进,教学设置比较合理,发展较快,值得期待。

看过斯洛伐克的教育情况,再一起来看看与教育息息相关的斯洛伐克文学发展之路。

从 19 世纪初开始,斯洛伐克文学的发展沿着两条轨道进行:新教徒福音会会员用捷克语创作,而主教徒则用斯洛伐克语创作。主教徒和新教徒主要的分歧之一是语言问题,但实际上这是斯洛伐克文学发展道路的课题:是走向民族独立,还是同捷克文化结合在一起? 双方作家的思想和美学观都有许多共同之处。

　　用斯洛伐克语出版的宗教作品、科学启蒙主义的小说著作等不少,它们的艺术水准均不高,除了尤·凡德里和扬·霍利的作品。尤·凡德里(1750—1811 年)在生命的最后岁月,创作了几部家庭风俗教诲书,如《勤恳的家长和地主》和《斯洛伐克养蜂业》,其中除实用知识外,还提出了必须遵守的崇高道德的原则思想,他力图培养读者的民族和人类品格的自豪感。凡德里努力使叙述风格接近口语,以便自己的著作通俗易懂、引人入胜。他的作品中很少有诗歌的插入。凡德里的教诲诗歌旨在以古典主义准则为目标,充满了卢梭回归自然的思想。

　　斯洛伐克文学中新教的一支,是在同相比较而言水平更高的捷克文学的密切合作中发展起来的。其中具有突出表现的是诗人尤拉依·巴尔科维奇和波占斯拉夫·塔普里兹。

　　尤拉依·巴尔科维奇力图把握捷克文学的新体裁,作品有骑士浪漫主义情节的叙事诗、小市民滑稽剧。他唯一的集子《捷克山上来的缪斯》中的诗歌,有着道德说教和阿那克瑞翁的主题,它的产生是对宗教禁欲主义的反映。但是最有意义的是巴尔科维奇的启蒙主义和文化出版活动。他的民间日历政治刊物《周刊》(以介绍书籍为主要内容)和教诲消遣娱乐的不定期刊物《塔特兰杂志》,都获得了广泛流传。

　　波占斯拉夫·塔普里兹在年轻时期从事文学史研究,曾建议在杜布罗夫斯基的《捷克语言文学史》中补充关于斯洛伐克文献的部分。他出版了斯洛伐克语的 18 世纪斯洛伐克诗选

《斯洛伐克诗人集》，随后出版了文学史性质的《捷克-斯洛伐克
诗人文献》，收录了塔普里兹诗集的绪论。这部文献收集了 18
世纪以来用捷克语出版的斯洛伐克诗歌的资料。塔普里兹将
斯洛伐克人看作和马拉维人、捷克人同一民族，将斯洛伐克的
文献视为斯洛伐克人对共同文化的独特贡献。他在这里简要
地描述了斯洛伐克人的民歌创作，并高度评价了其艺术价值。
在《斯洛伐克诗人集》中，塔普里兹收录了两部关于高尚强盗苏
拉维茨和雅诺什克的无名氏作品，其中雅诺什克被塑造成一个
自觉而坚定的反对老爷和维护农民利益的人。

塔普里兹的诗歌创作是 19 世纪初斯洛伐克启蒙主义文学
的高峰。塔普里兹的诗歌体裁有阿那克瑞翁体和教诲体，主要
是讽刺短诗、道德训诫颂歌和抒情叙事诗。他的诗具有 18 世
纪诗歌过于文雅的风格，但在思想内容与诗学上有着斯洛伐克
民族的因素（力图使用民歌的调子和民间文学的艺术手法）。
他的诗歌首次在斯洛伐克文学中从全斯拉夫统一的立场表现
爱国主义主题。后来沙法里克注意到了塔普里兹的爱国主义
主题，并将其收入自己的诗集《拿着斯拉夫里拉琴的塔特兰的
缪斯》中。

在 19 世纪 20—30 年代斯洛伐克思想生活中，团结民族爱
国力量以反抗奥匈帝国压迫的必要性被提到了首位。斯洛伐
克文学已成为社会舆论的唯一讲坛，因而在文学中公民爱国主
义主题成了首选目标。艺术思维运用了两个概括性概念——
人民和民族，为富有古典主义精神的叙事体裁的发展创造了前
提条件。文学和先前阶段不同，不仅注重国内读者，而且注重
其他民族的社会舆论。斯洛伐克民族复兴的拥护者关注全斯
拉夫统一思想。斯洛伐克和其他斯拉夫民族的亲近关系的意
识，尤其是和俄罗斯联系的意识，提高了民族自豪感和对未来

的信心。赫尔德关于斯拉夫民族体现了人文主义原则的言论，在很大程度上为斯拉夫统一思想提供了重大的精神支持。学术思想也在寻找斯拉夫高度文化与文明的历史证据。卓越的捷克和斯洛伐克斯拉夫学者巴维尔·约瑟夫·沙法里克，在其《斯拉夫语言文学史》和《古代斯拉夫》以及其他一些著作中科学地证实了斯拉夫民族发源地居民的思想，以及对建立欧洲文化的创造性参与。

在新的历史条件下，文学在民族复兴思想的宣传中的作用有极大增强，而对其思想艺术水准的要求也提高了。为了深入地思索和论证斯拉夫人的使命，需要有宏大情节和政论空间的叙事体裁。斯洛伐克文学针对民族传统的不足，力求运用全欧的经验，从古希腊罗马文学到斯拉夫民间创作——斯洛伐克作家重视卡蒙斯、弥尔顿、克罗普施托克、罗蒙诺索夫的创作，以及《伊戈尔王子远征记》、南斯拉夫史诗、古希腊罗马史诗等。发展古典主义形式的文学崇高体裁的明确宗旨，在最著名的捷克和斯洛伐克诗人扬·克拉尔的创作中得到了表现，他将爱国颂歌与悲歌引入斯洛伐克文学，并用古典主义诗歌的手法表达了炽热的爱国主义情感。对各种压迫和独裁进行强烈抗议，号召祖国人民为自由而战。斯洛伐克文学史上第一部有着民族史诗特征的作品，是扬·克拉尔的爱国教诲叙事诗《斯拉夫的女儿》。这部作品充满了英雄主义激情，是以自己的方式对斯拉夫的颂扬。《斯拉夫的女儿》是对斯拉夫民族苦难和复兴的隐喻，是对外来压迫的控诉，它号召兄弟民族团结一致，并注入了斯拉夫人关于人文主义和启蒙主义密切合作的理想。叙事诗的艺术特点取决于不同倾向的综合，它原则上倾向于古典主义，首先表现为纯理性主义结构，强调道德教诲，并赋予诗歌论文的特点。同时在对爱国主义思想的主观感情的诠释中，清晰地流露了正在日益形成的浪漫主义倾向。

扬·霍利的创作也表现出类似的倾向,他用斯洛伐克语创作,他的颂歌、悲剧、田园诗和叙事诗同《斯拉夫的女儿》相比,是另一类型的民族英雄史诗。扬·霍利从 19 世纪 20 年代开始翻译古希腊罗马经典,在他的诗歌中,19 世纪 30 年代,斯洛伐克人民民族自决权的追求得到了发展。他所有作品都源于斯洛伐克文献,这是对斯洛伐克民族独特性的认同。在他的史诗中,爱国主义概念得到了广阔展现。他为此而关注自己民族的历史,描写古代传说和英雄人物的《斯拉夫》与《圣普鲁克》诗意地描绘了斯洛伐克历史及其英雄。他运用在史学、民族学、神话学领域的全部渊博知识和生活积累,把斯洛伐克创建成一个关于热爱自由、道德高尚和富有诗意的民族的宏伟概念。他的叙事诗、颂歌和悲歌在具有自由思想的知识分子中流传很广,他因此获得斯洛伐克诗坛长老的地位。

19 世纪 30 年代出现了斯洛伐克戏剧爱好者剧社,推动了戏剧的发展。斯洛伐克戏剧和喜剧奠基人扬·赫卢普卡的戏剧《科库尔科瓦,或我们如何避免成为傻瓜》《一切都倒了个》《娇敏活泼的女人》及其他作品,描述了城市阶层。他喜剧中的基本冲突,众所周知,都是具有爱国情结的知识分子同来自小资产阶级和贵族中的、从自私自利到被压迫民族阵营的叛逆者之间的冲突。民族因素在角色的安排中起到了最重要的作用,并决定了他们的精神心理特征。在日常矛盾的描绘和冲突中,在反角及其阶层的官僚主义、无知和对上流社会的滑稽模仿中,有不少生活上可信和典型的细节。他的优秀剧作已上升到社会讽刺谴责的高度。赫卢普卡的喜剧在 19 世纪 30—40 年代具有广泛的社会影响,科库尔科瓦成了庸俗小市民阶层的代名词。

　　第一个"斯洛伐克语言文学爱好者小组",于1834年在佩斯成立,扬·克拉尔在其中起到了重要作用。在没有民族文化中心的前提下,这类团体起到了消除文化层次中信仰冲突的作用,成为民族精神生活的策源地,为团结民族爱国主义力量的事业服务,为出版斯洛伐克书籍提供资金。老一辈斯洛伐克启蒙活动家,在贵族学校的捷克斯洛伐克语系教研室或大学生同乡会的基地,极其关注以民族爱国主义精神教育青年。其中,"斯洛伐克语言文学爱好者小组"起到了重要作用。它于1828年,在布拉基斯拉夫贵族学校捷克斯洛伐克语系教研室的协助下成立。从19世纪30年代末起,它成为斯洛伐克民族解放运动活动家对年轻斯洛伐克文学的接班人进行道德伦理教育的学校。"斯洛伐克语言文学爱好者小组"在斯洛伐克文化生活中越来越重要的意义,引起了其他国家斯拉夫学组织的注意。从19世纪30年代中期开始,柳多维特·什图尔成为小组的领导人。19世纪40年代,他在斯洛伐克年轻一代爱国知识分子中受到欢迎,并具有很高的威望,以至于他的继承者在斯洛伐克精神生活史中被称为什图尔党人,而由他引发的文学流派被称为什图尔派。

　　民族解放运动的活跃,涵盖了越来越广泛的斯洛伐克社会的知识界,渐渐具有了纲领的性质,这为文学创作领域中的思想美学探索提供了强有力的动力。浪漫主义流派产生的前提条件已经形成。浪漫主义思想渗透到了斯洛伐克,有一部分来自德国,但主要是来自同根的斯拉夫国家的文学。诗歌中的民间创作倾向,民歌和各种民间口头创作的出版,还有波兰浪漫主义、密茨凯维奇的创作,以及来自捷克的文学创作,都引起了人们极大的兴趣。

　　19世纪30年代后半期出现了第一批浪漫主义模仿民间创

作的叙事谣曲,以及包含着沉思内容的抒情诗体裁。而在艺术上最成功的范例是柳多维特·什图尔的《黄昏遐想》,它由一系列诗歌组成,包含着悲怆的调子,以及对压在人民头上许多世纪的奴役的诅咒。这些诗中第一次以沉思的形式出现了农奴制奴役下的农民形象。所有这一切说明了新的因素在积累,文学中新的哲学和美学原则已被应用。人们对待民间文学的态度也开始发生变化,民间文学被视为民族性格的体现,民族内心世界铭记的历史,一把开启民族神圣性的钥匙。扬·克拉尔出版了两卷本的《斯洛伐克民歌》,并附有一篇关于它的长文,在该文中,他不仅给"人民缪斯"的创作以高度评价,而且号召诗人去完美地把握人民的语言,并将它提高到全民族语言的水平。这些内容被视为对 19 世纪 40 年代初登上文坛的青年作者的祝福,而摆在他们面前的则是新的尖锐的文学语言问题。

斯洛伐克语言没有被作为全民族的准则而风行。书面的捷克语在斯洛伐克人的精神生活中曾起过重要的作用,如今它已成为作家创作的障碍。这主要是因为它没有使文学在大众中成为进步思想的向导和民族统一原则的主要载体。1813 年,以柳多维特·什图尔为首的一群"斯洛伐克语言文学爱好者小组"的年轻活动家,接受了将文献转换到以最具特色的斯洛伐克中部方言为基础的斯洛伐克语的决议。1844 年出现了第一批使用这种语言的作品。向人民大众的语言转变,曾经是文学民主化道路上的重要一步,这种文学此后便以底层劳动人民为目标。语言的改革标志着斯洛伐克文学走上一条独立发展的道路。什图尔派以这些行动奠定了自己在文学中的统治地位,就其实质而言则是浪漫主义的,虽然它的活动家原则上把它同更成熟的欧洲文学的浪漫主义区分开来,并且除了"独特的、民族的、斯拉夫的"这些界定以外,不承认自己文学的任何界定。

　　绝大多数斯洛伐克知识分子对文学改革的支持,使斯洛伐克文学在 1844 年向着新的发展阶段转变。而起到卓越作用的,是民族解放运动思想家、斯洛伐克浪漫主义美学奠基人、社会政治活动家柳多维特·什图尔。他在布拉基斯拉夫贵族学校的斯洛伐克语言文学教研室任教期间,阐述了自己的哲学思想和美学纲领。在他的政论中也是如此,其基础是黑格尔哲学,首先是辩证法。他将历史进程看作从低级到高级,在新与旧、进步与反动的矛盾斗争中的永恒发展。什图尔有哲理地论证了积极对待现实的必要性,并体现在为进步的社会改革胜利而进行的斗争中。民族独立,可预见的、完全从封建主义中解放出来的社会经济进步,以及民族文化的建立,这是他纲领中最重要的目标。

　　什图尔把自己关于独立自主的民族文学概念,诉诸民间文学。在什图尔的影响下,对民间文学所展现的民族精神的忠实性,成了斯洛伐克作品的评价标准。什图尔为斯洛伐克的文学批评打下了基础,认为文学家的教育要秉着为本民族解放战斗事业服务的精神。1844 年,什图尔及其同伴创立了出版团体"塔特林"。1845 年他获准出版第一份斯洛伐克语政治报纸《斯洛伐克民族快报》,并设有文学副刊《塔特林之鹰》。而其最亲密的同志约瑟夫·库尔班则组织出版了第一份斯洛伐克文学杂志《斯洛伐克学术·艺术·文学评论》。除了这些早期出版物之外,斯洛伐克什图尔派浪漫主义者的作品还出现在约瑟夫·库尔班的丛刊《尼特罗》《塔特林杂志》和日历中。

　　在斯洛伐克的土壤上,浪漫主义是作为反封建和反民族奴役的战士的思想体系产生的。在后期它是自己时代革命倾向的表达者。浪漫主义的原则首先在诗歌中取得了优势:有政论宣言式的,其内容是反对压迫和号召为自由而战斗;有悲歌沉思体的,它充满了对祖国和人民的命运或未来的美好希望的思索。现实的戏剧氛围,反映在带有悲剧情绪的叙事谣曲之中。英雄的民族解放斗争主题,体现于叙事体裁之中,但主要体现于民族历史和讽喻的叙事诗之中,并以一种叙述的诗歌创作形式在诗歌的传说和神话中展开。那个时期,对民歌、叙事谣曲、民间故事的加工和模仿十分流行,原创作品都具有民间文学的形式。人物象征性形象的塑造,斯洛伐克大自然和人民生活的画面,以及这些画面常常采取的假定形式及其所鲜明表现出的爱国主义思想,都体现了浪漫主义典型化的原则。

斯洛伐克的浪漫主义从一开始就沿着几个思想主题和几条风格线索发展。最具代表性的是诗人萨莫·赫卢普卡、安德烈·斯拉特科维奇、扬·克拉尔和扬·博托。散文中的代表是扬·卡林恰克和约瑟夫·库尔班。

萨莫·赫卢普卡以自己具有民间故事、战斗歌曲精神的爱国战斗诗歌《哥萨克》《里卡夫的囚徒》等而独树一帜。他通过代表斯洛伐克人民的主人公的性格,歌颂了热爱自由和积极反抗民族奴役的精神。他笔下的英雄哥萨克,崇高且唯一的生活使命,就是战斗。他内心世界的内容就是在看到祖国和人民被奴役时的痛苦,对被剥夺自由的忧虑。他综合了民间文学的传统,不仅仅塑造了概括性的、宏大的人民战士形象和祖国形象,而且概括性地描述了"真理和流言"之间的搏斗。诗歌中对奴役的抗议具有包罗万象的意义。在简短的扬抑格四行诗中,他如此忠实地表达了斯洛伐克民歌的音韵和无畏,以至于他的诗歌常常难以从大量的民间创作中区分开来。

安德烈·斯拉特科维奇的诗歌中大多数是挖掘个人内心世界的公民抒情诗。叙事诗《玛琳娜》《幼蜂》以及捍卫斯洛伐克语言的政论诗《不许侮辱我的人民》,给他带来了巨大的荣誉。斯拉特科维奇的抒情主人公常常展现于沉思和内省中,其情绪为人民受压迫的地位所决定。在叙事诗中,特别是《玛琳娜》里,斯特拉科维奇表达出了在其他斯洛伐克浪漫主义者创作中很少见的对物质世界和生活欢乐的兴趣。叙事诗《幼蜂》歌颂了普通人民崇高的道德品质,并从中看到了斯洛伐克幸福未来的保障。斯拉特科维奇是最早超越直接以民间文学传统和手法为目标,并对诗歌语言进行加工的人之一,他将很大的注意力转移到诗歌结构中的分节、韵律、语调、声响等方面。

扬·克拉尔是斯洛伐克浪漫主义文学中激进一翼的诗人,他将社会罪恶问题视为社会不平等和社会压迫的问题,他作品中的主人公的性格与其说是种族学意义上的,不如说更具社会特征。克拉尔把农民同地主的斗争英雄化,描绘出了农民造反者的形象。克拉尔的爱国主义思想同人民革命的思想融为一体。他关注民间文学,把握了与激进观点最贴近的社会反抗主题,把握了被压迫者和被欺侮者兄弟情谊的意识,以及叛逆者热爱自由的意识。诗人大都在与现实规律相适应的方面描写现实,这已成为他创作中现实主义成分的来源。在哲学叙事诗系列《世界戏剧》中,克拉尔从整个世界历史的规模中展现了对现实的浪漫悲剧性的阐释,在抽象的层次中叙述善恶斗争的永恒性。

扬·博托在 19 世纪 40 年代的创作中,最具特点的体裁是浪漫主义寓言,代表作有《斯洛伐克风情》《上流社会的勇士》和《克拉特·塔德》,在象征的假定性形象中描绘出斯洛伐克被压迫的地位和争取自由的斗争。在革命前的岁月里,他创作了大量的抒情叙事诗,使用了摆脱诅咒的叙事谣曲主题。他作品中的主人公体现了行动积极、追求功绩的浪漫主义精神。

旅行随笔和历史小说,也曾风靡一时。最有名的浪漫主义

散文家是扬·卡林恰克,他著有以抗击外来侵略者的英勇斗争
为主题的历史小说《波兹科维奇》《米尔科的坟墓》《斯洛伐克小
伙子》《里普多夫斯基公爵》和《神圣的灵魂》。他描写的遥远年
代的小说,就其思想美学倾向而言,是和当代生活联系在一起
的。作品中的主人公是为全体人民的利益或为善良、诚实、公
正的理想而自我牺牲的斗士。为了这些崇高的目标,他们准备
不惜牺牲个人幸福、爱情、生命。早在 19 世纪 40 年代的小说
中,尽管情节、人物形象和叙述风格浪漫化,充满主观抒情的叙
述,但卡林恰克显示了不仅要通过"卓越个性"的性格来揭示这
面三棱镜时代的心理,而且要揭示民主主义的代表者,并力图
传达出时代的色彩。卡林恰克在引入日常生活的场景时,便直
觉地触摸到一条通往遥远过去的形象和画面的现实主义的真
实之路。

　　以浪漫主义的什图尔流派为代表的斯洛伐克文学经历了
真正的创作繁荣期,作品数量比半个世纪前的所有作品都多,
而且那些有艺术价值的作品,继续以崇高的理想教育着后一代
斯洛伐克的读者,一直到今天。

三柱支撑的老有所养

　　斯洛伐克的养老保险制度最早可以追溯到哈布斯堡王朝时期，当时主要沿袭了奥匈帝国的养老保险模式。1888 年，斯洛伐克出台了有关医疗健康保险的法律规定，其中就涉及老年人的相关福利。1906—1933 年，斯洛伐克为不同职业群体（主要是公务员、白领工人、矿工和蓝领工人）制定了不同的社会保险制度。根据规定，这四类人员均由雇主和雇员共同向社会保险机构缴费，他们的退休年龄统一规定为 65 岁。这一时期的养老金主要包括两部分：一是人人均等的基本养老金部分，二是与个人缴费相关联的额外养老金部分。1929 年，斯洛伐克推出了结合家庭情况调查的社会养老金，以帮助贫困无助的老年人。从现代意义来看，这里的社会养老金其实就是最低生活保障金。当老年人的日常生存受到严重威胁时，就可以申请社会养老金。

　　1948 年，斯洛伐克和捷克再次合并，进入了社会主义时期。从这以后，斯洛伐克的养老保险制度开始了国有化进程。1956 年，斯洛伐克规定，男性退休年龄为 60 岁，女性退休年龄为 55 岁。1964 年，斯洛伐克调整了女性退休年龄的规定，允许女性根据生孩子的数量，在 53—57 岁之间选择弹性退休。和其他社会主义国家一样，这一时期的斯洛伐克养老保险制度也强调制度的公平性，以全民就业和全民覆盖为前提和目标。20 世纪 80 年代以后，由于斯洛伐克国内经济停滞不前，以及社会矛盾日益突出,斯洛伐克养老保险制度开始出现危机,政府不得不以财政转移支付来维持全民就业和全民保障。随着经济继续下滑和国家财政收入下降,这一做法也日益捉襟见肘,原有的国家养老保险制度难以为继。

到了独立前夕,1990—1992年期间,斯洛伐克还是捷克斯洛伐克的成员之一。1990年以后,捷克斯洛伐克决定加快实行经济市场化改革,并要求国民为其自身的社会保险(包含养老保险)权利承担更多的个人责任。受选举任期过短影响,捷克斯洛伐克议会没有通过任何有关社会保障的新法案。相关的改革,基本上"只打雷不下雨"。与捷克分道扬镳前夕,斯洛伐克更多地在关注独立的问题,经济社会发展问题落到了第二位。在这一阶段,斯洛伐克的养老保险制度还是实行强制性的现收现付,强调再分配功能以促进社会公平。男性退休年龄还是60岁,女性退休年龄还是根据孩子的数量在53—57岁之间弹性选择,艰苦的或者特殊的行业人员可以申请提前退休。养老金待遇则取决于本人的工作期限和在职工作期间的收入情况。1991年,斯洛伐克启动了养老金的指数化工作。也就是说,当国民收入增长超过5%或者物价增长超过10%的时候,会自动调整养老金待遇,以保证养老金的充足性和保障能力。1992年底,还成立了国家保险办公室,统一管理斯洛伐克境内的社会保险和医疗保险,养老保险也划归该办公室管理监督。

1993年,斯洛伐克正式独立,这就意味着国家的经济社会制度以及管理体制都要重建或进行改革,养老保险制度也不例外。在独立初期,斯洛伐克的人口结构还是相对有利的,并且养老保险制度本身的财务状况也是比较好的。这在中东欧国家中比较少见。为此,斯洛伐克没有在第一时间对原有的养老保险制度进行结构性改革,而只是对其中的参数进行了改动。

主要内容有：

一是加强养老保险的制度管理，提高管理效率。1993年，斯洛伐克成立了国家保险局，并将社会福利制度与养老保险制度进行分开管理，同时，国家保险局还管理医疗保险以及其他社会保险项目。1995年，斯洛伐克组建了数个独立于国家保险局之外的医疗保险机构。之后，斯洛伐克又正式设立了相对独立的社会保险局，专职管理养老保险和疾病保险。

二是改革养老保险制度的经费来源机制。独立前，斯洛伐克的养老保险制度由国家预算负担。独立后，养老保险制度的经费主要来自雇员和雇主的共同缴费，剩余部分则来自国家的补贴。

三是启动额外养老金计划。1996年，斯洛伐克规定，如果雇主和雇员达成协议，雇员可以参加自愿的额外养老金计划。为了推动这一计划，斯洛伐克决定：如果雇主愿意为额外养老金计划缴费，其缴费数额可以在税前列支，但最多不得超过雇员总工资的3%；如果雇员自愿进行缴费，缴费数额也可以在法定范围内享受一定的免税待遇。额外养老金计划的最低缴费期限为5年，参保人年满50岁后可以领取该计划的养老金。额外养老金计划由国家劳工、社会事务与家庭部和财政部共同监管。

这个改革的结果如何呢？独立初期，斯洛伐克境内各个政治党派和利益团体争权夺利，对国家的政策改革取向莫衷一是，整个国内形势可谓一团乱麻。在这个背景下，斯洛伐克在经济社会领域的不少改革议案和法案都朝令夕改，改革的成果也大打折扣。由于改革的力度、领域都相对有限，这次养老保险制度改革面临的社会压力并不大，进展还算比较顺利，但效果也非常有限。以额外养老金计划为例，到2002年的激进改革以前，整个额外养老金计划的覆盖面还不到全部就业人口的

5％。与此同时，自1993年启动自由经济改革和放宽对外资限制以来，斯洛伐克境内的失业率一路攀升。到20世纪90年代末，斯洛伐克的国民失业率已经接近20％，明显高于捷克。1997年以后，因失业率走高以及逃避缴费现象日益严重，斯洛伐克的养老金出现赤字。为此，社会各界呼吁当局对养老保险制度继续进行改革。

2003—2006年是斯洛伐克建立三支柱养老保险制度阶段。这次改革的最大背景是斯洛伐克决定申请加入欧盟。1998年以后，随着亲西方力量上台执政，斯洛伐克政府决定"向西看"，并正式启动加入欧盟谈判。在入盟谈判中，斯洛伐克同意按照欧盟标准来全面改革自身的经济社会制度，养老保险制度也不例外，正好养老金出现赤字，制度难以为继。首先，这次改革的最大目标，就是引入第二支柱。2000年，根据世界银行和欧盟的建议，斯洛伐克政府正式提出从2003年开始在境内建立养老保险制度的第二支柱，也就是强制性的私有养老保险基金计划。斯洛伐克政府甚至还明确，第二支柱最初时期的缴费率为3％，以后适时予以调高。至于第二支柱的相关管理事宜，自然也被纳入了改革议程。其次，激励国民承担更多自我养老保险责任以减少养老金的赤字，增强养老保险制度的财务稳定性和可持续性以应对人口老龄化趋势。再次是引入积分原则，提高养老保险制度缴费与收入之间的关联度，以增强公共养老保险制度的激励性。最后是鼓励国民增加长期储蓄，以更好地保障自身的老年生活水准。

2003年和2004年，在国际组织和欧盟的指导下，斯洛伐克先后出台了社会保险法案、老年养老金法案以及相关的税收优惠规定，正式启动了养老保险制度改革。这次改革主要内容如下。

斯洛伐克养老保险的第一支柱部分，改革明确，第一支柱为强制性的待遇确定型现收现付计划,由国家劳工、社会事务与家庭部及社会保险局负责监管。第一支柱提供老年养老金、残疾养老金和遗属养老金。根据法律规定,所有劳动人口都必须参加第一支柱。如果同时参加第二支柱,缴费率为本人总工资的 9%;如果只参加第一支柱,缴费率为 18%。第一支柱养老保险计划的具体缴费及发放工作由国家社会保险局负责。改革提出,到 2006 年将男性的退休年龄从 60 岁提高到 62 岁,到 2014 年将女性的退休年龄从 53—57 岁逐渐提高到 62 岁。如果参保人第一支柱和第二支柱的总积累额度能确保本人养老金收入超过政府设定的最低生活保障标准的 60%,参保人就可以申请提前退休,但最多只能提前 2 年。如果依法申请提前退休,本人的养老金待遇每年削减 6%。如果推迟退休和领取养老金,养老金待遇每年相应增加 6%。这次改革没有直接规定最低养老金数额,但明确了养老金缴费的最低计缴基数不得低于最低工资的 40%。最高养老金为平均养老金的 3 倍。改革还明确,参保人出现残疾,参保满 5 年,就可以申请残疾养老金,但不能同时申请参加养老金和老年养老金。

斯洛伐克养老保险的第二支柱部分,改革明确,第二支柱为半强制性的私有养老保险计划,只提供老年养老金。根据规定,2004 年,国民可自主选择是否加入。2005 年,又允许已经参保人员自主决定是继续留在国家养老保险计划(只有第一支柱)中还是参加新的双支柱养老保险计划。2006 年以后加入养老保险计划的新参保人,就自然进入双支柱养老保险计划。因此,第二支柱被称为半强制性。缴费率方面,第二支柱和第一支柱一样,同为 9%,这在中东欧国家中是比例最高的。第二支柱养老金待遇取决于个人账户的积累额度,以年金形式发放为主,具体数额不得低于最低生活保障标准的 60%。如果个人账户还有余额,参保人可以选择一次性或分期领取。斯洛伐克设有6家私有养老保险基金管理公司(由欧洲大型养老保险公司或大银行完全控股或部分参股),这6家公司在央行、财政部及劳工、社会事务与家庭部的协同监管下负责运营第二支柱养老保险基金。根据法律,养老保险基金管理公司提供三类养老保险基金。根据投资策略及组合不同,这三类养老保险基金可以分为增长型、平衡型和保守型。增长型主要投资于股票,平衡型投资于股票与债券相结合,保守型投资于债券相关。为了降低参保人尤其是临近退休的参保人的投资风险,斯洛伐克还依据参保人的年龄段出台了相关的投资限制。如果参保人年龄在47—54岁之间,可以选择一家保守型或平衡型养老保险基金;如果参保人年满55岁,就只能选择一家保守型养老保险基金。

斯洛伐克养老保险的第三支柱部分,改革明确,第三支柱原则上为自愿性的私有养老保险。主要提供补充老年养老金、提前退休养老金和私有寿险。第三支柱养老保险计划面向年满18岁的全部就业人口,由本人自愿决定是否参加。艰苦、危险或者特殊行业的就业者必须强制性加入。2004年的缴费率是4%,2005年规定缴费上限为6%,最低参保期限为10年。参保人年满55岁以后,可以申请领取第三支柱养老金。国家银行负责第三支柱养老保险的日常监管,由5家基金管理公司进行运营。

在三支柱养老保险计划以外,斯洛伐克还推出了国家社会救助养老金,也就是无须缴费的零支柱。由劳工、社会事务与家庭部负责监管,主要提供死亡补助金和家庭津贴。

总体而言,这次改革的涉及内容和范围较广,力度不小,收效较为明显。一是基本达成了改革的目标,建立了三支柱的养老保险模式。二是提高了退休年龄并建立了新的养老金指数化调整机制,降低了养老保险制度的支付压力,也提高了养老金的实际待遇。三是第二支柱发展还算顺利,到 2006 年,第二支柱的覆盖率已经超过 50%。

在这之后,斯洛伐克在 2008—2009 年对三支柱养老保险计划重新调整了部分参数。在 2008 年经济危机发生之前,斯洛伐克整体国民经济发展良好,失业率下降到 7% 左右,养老保险制度的资金来源问题得到明显缓解。2006 年,斯洛伐克正式进入发达国家行列。2008 年经济危机发生之后,斯洛伐克的经济形势急转直下,失业率开始逐渐上升,参保人的缴费能力和意愿出现明显下降。为了确保养老保险制度的稳定性,斯洛伐克启动了新参数的调整。这次调整的主要内容有:一是将第二支柱养老保险从半强制性改为自愿性。入职的新人可以在入职后的 6 个月内决定是否加入第二支柱养老保险计划,但决定后不许变更。二是调整了第一支柱的相关规定。把养老保险计划的最低缴费期限从之前的 10 年延长到 15 年,以增加缴费收入。同时,斯洛伐克还规定,如果参保人在警队、军队服役时期没有领取任何退休养老金、残疾退休养老金、残疾养老金或部分残疾养老金,那么上述期间就可以视为缴费期限。

这次的调整主要是为了应对经济危机,但从结果看,效果并不明显。一是提前退休的现象没有得到明显遏制,尤其是临近退休且已经失业的参保人纷纷申请提前退休养老金。此外,军警人员实行的是特殊养老金计划。根据这个计划,军警人员工作满 15 年以后,就可以申请退休养老金。军警人员在领取养老金的同时,还可以继续参加工作以获得额外报酬。二是第二支柱养老保险计划明显后退,覆盖率出现下降。三是政府的缴费责任增大。四是第三支柱发展缓慢。到 2009 年底,仍有 12.7% 的人员没有参加任何保险计划,这些人员主要有自由工作者、自主创业者、学生、家庭主妇、艺术工作者等,其中年轻人的比例很大。

于是 2011—2012 年,斯洛伐克再次对三支柱养老保险计划的参数进行调整。由于 2008—2009 年的调整没有达到预期目标,再加上欧盟积极介入斯洛伐克的养老保险制度改革进程,欧盟不支持斯洛伐克将第二支柱由半强制性改为自愿性的做法,并进行了严厉警告。在欧盟的影响和督促下,2011 年,斯洛伐克重新起草了新的养老保险制度改革方案。新方案提出,从 2011 年起为新入职人员重新建立新的、强制性的第二支柱养老保险计划。同时,重新调整了第一支柱的参数。一是提高退休年龄,根据人均预期寿命的延长情况,相应地提高国民的退休年龄,从 2017 年开始,每年的退休年龄延长 50 天。二是把养老金指数化原则调整为物价指数化。三是加大养老金待遇和缴费之间的关联度。四是设定最低养老金额度。五是调低最高养老金额度。六是减少管理费,建立统一税制,来改善财政状况。

现如今,斯洛伐克的养老保险制度仍然面临很多挑战。一是缴费率过高。有研究显示,斯洛伐克整个社会保险制度的缴费率高达 48.6％,其中养老保险制度占 28.75％,雇主和雇员的缴费负担都不轻。二是养老金的待遇不足。斯洛伐克的养老金并不能完全保证老年人脱离贫困风险。三是养老金的赤字问题。经济危机以来,随着国家收入的下降和失业率的上升,养老金的赤字越来越大,国家的压力也越来越大。预计到 2060 年,仅仅第一支柱的赤字就将超过 GDP 的 10％。四是人口老龄化加速。人口老龄化的加剧,将导致缴费人口的持续下降和领养老金人口的持续增加,这一增一减,就更加严重影响养老保险制度的稳定性和可持续性。

独特的旅游天堂

　　斯洛伐克是一个能享受到大自然与质朴乡民的热情款待的国度，是一个能享受恬静生活的国度。10—20 世纪时，斯洛代克是匈牙利王国的一部分，在 16—19 世纪，布拉迪斯拉发还曾是匈牙利王国的首都。斯洛伐克大部分国土被山脉覆盖，是知名的度假国家，游客大多数来自周边的欧洲国家。斯洛伐克有不少弥漫着古代欧洲风情的城镇，适于静下心来驻足欣赏。

　　历史上这里受到捷克、匈牙利和奥地利等国家的影响，主要的肉食一般都会与土豆和米饭一起食用。在斯洛伐克，到处能看到啤酒馆。由于这里也是红酒产地，因此也有很多名为"维纳伦"的红酒馆。这些酒馆里面，一般会有简餐提供，而且通常会比正式的餐厅卖得便宜得多。喜欢甜食的人可以去街上的蛋糕房看看，一般看街道上的橱窗就能知道，橱窗内会摆满蛋糕，在蛋糕店里面还可以喝茶。人气很高的甜点是加了果酱的奶味薄饼。很多店里也销售冰激凌，到了夏天的时候客人爆满。斯洛伐克菜，特别是在南部，受匈牙利的影响，一般较少使用辣椒和香料。奥地利和德国在斯洛伐克菜中也有很大的影响力，维也纳肉排也是斯洛伐克人喜爱的菜品之一。斯洛伐克人的饮食一般都是高淀粉和高脂肪的，有很多肉、奶油和蔬菜。把咸的和甜的食物混合在一起是不太常见的。斯洛伐克人以其拥有众多的天然矿泉水而自豪，矿泉水资源丰富，品牌众多，矿物质含量各异。有时候一些外国游客习惯了软化过的水,但斯洛伐克人从未听说过这样一种工艺,一般这些水的矿物质含量都很高。

布林佐夫·哈鲁斯基是斯洛伐克的国菜,在大多数餐馆都能吃到,这是一种由小水饺和软羊奶奶酪组成的美味佳肴。大多数餐馆都会提供熏肉和奶酪,尽管这些在游客经常光顾的地方随处可见,但许多斯洛伐克人会告诉你,这样的美食你最好到斯洛伐克北部地区去享用,那里才是历史上最早生产布林扎奶酪的地方,才正宗美味。如果去的是一家专门做斯洛伐克菜的餐馆,你会看到很多种由肉和土豆组成的菜。小费在斯洛伐克不是一定要付的,只有在提供优质服务的情况下才会付。一般来说,在需要付小费的餐厅,总账单的 10% 是非常合适的小费金额。给出租车司机、理发师和其他人小费对斯洛伐克人来说并不常见。

如要你想在斯洛伐克喝上一杯,那也是一种美好的体验。虽然邻国捷克的啤酒品种在国际上更为知名,但有几款斯洛伐克啤酒的质量也非常好。许多斯洛伐克人会告诉你,他们的啤酒不如以前了,因为受全球化的影响,很多斯洛伐克的本地品牌,如 Topvar、Corgon 和 Zlaty Bazant,都被喜力和 Aegon 等外国公司收购了。在过去,斯洛伐克啤酒是一个地区的骄傲,斯洛伐克有很多供应整个国家的啤酒厂。当外国公司收购了啤酒厂,再重新合并和集中化后,许多斯洛伐克人抱怨质量受到了影响,没有原先那么好喝了。除了啤酒之外,斯洛伐克还有一些好酒和烈酒。特别是在斯洛伐克西部,有商业生产和自制的优良葡萄酒,主要来自小喀尔巴阡山的佩兹努克和莫德拉等地区。在斯洛伐克的东部,你还可以喝一两杯斯里沃维卡——一种烈性白兰地,通常是斯洛伐克人自制的,由李子蒸馏而成。

　　如果你想在斯洛伐克自驾旅行,那么斯洛伐克的 59 号公路是一个很不错的选择。斯洛伐克 59 号公路(即 E77 公路)从一艘外星人飞船开始,在吸血鬼巢穴中达到高潮。这种主题也许和一般的自驾线路有所不同,但毕竟这是在斯洛伐克。在这个中欧国家,村庄都仿佛是从童话故事中走出来的,各种黑暗的历史似乎就在草甸之下沉睡。斯洛伐克中部地区到处都有折戟沉沙的英雄故事,也很适合自驾游览。59 号公路会经过其中一些最为有趣的地点。小镇班斯卡·比斯特里察有一座 UFO 外观的航天时代建筑——SNP 博物馆,自驾的旅程就由此开始。

　　当你在博物馆广场上规划线路时,你会感觉自己像是坐在《星际迷航》中“企业号”飞船的舷窗下。这个用混凝土和玻璃构成的大型穹顶建筑,是这个国家最让人难以忘怀的野兽派建筑之一。你不妨花几个小时在 SNP 博物馆了解一下这里在“二战”期间爆发的大规模反法西斯起义——斯洛伐克民族起义,以及随之而来的血腥报复的历史。穹顶一分为二,一束铜色阳光从中间缝隙倾泻而下,刚好照亮下方一尊象征着牺牲者的巨大塑像。虽然斯洛伐克民族起义的部队是在班斯卡·比斯特里察集结,但斯洛伐克中部的革命传统源远流长。尤拉伊·亚诺希克是一位 18 世纪劫富济贫的大盗,他的传奇故事在斯洛伐克家喻户晓,“二战”时的革命正是受其启发,甚至还有一支游击队就以“亚诺希克”为名。而 59 号公路,正好穿过亚诺希克昔日聚啸山林的核心领地。离开班斯卡·比斯特里察后,公路直奔群山之怀,开始在两座国家公园之间穿梭。公路西端的大法特拉山国家公园拥有矿泉,众多温泉小镇就聚集在公园的西部。公路东端则是斯洛伐克面积最大的下塔特拉山国家公园,由 728 平方千米的石灰岩峡谷和风力强劲的平原组成,峡谷内长满了枫树和山毛榉。这两座公园植被茂密,洞窟遍布,无疑为侠盗们提供了完美的藏身场所。

　　驱车向北,在经过一堆方方正正的客栈和奶油色外观的教堂后,再往东走一段盘山公路,此时道路两旁突然出现密密麻麻的云杉树,给人们带来极大的视觉冲击。而在每个弯道处,群山都会跃入眼帘,只有当你主动收敛心神,望向路边的绿色时,才会消失于视野之中。偶有阳光从树叶间倾泻而下,映得平坦的柏油碎石路光影斑驳。树木开始稀疏,路边出现了落石的痕迹。汽车发动机吃力地轰鸣,一路攀爬至海拔 718 米处的伏尔考林耐克,那是斯洛伐克最迷人的村庄之一。在这里,你会被一群木制雕像吸引,可以停车游览。伏尔考林耐克村虽然只有 19 位居民,却是远近闻名的木雕村,村中的木雕数量远远超过这里的工匠人数。手工雕刻的人像忠诚地屹立于村庄四围,许多雕像以斯洛伐克的乡村生活为原型:面包师、牧羊人、哄孩子的妇女,以及偶尔出现的慈祥老祖母。这个村庄似乎一直保持着 14 世纪始建时的模样。45 座房屋外立面被漆上了热情洋溢的淡紫和明黄色,深色的木屋顶上方,苹果树在风中摇曳。村中最高的建筑是 1875 年建成的罗马天主教堂的钟楼,教堂名为圣母玛利亚报喜堂,圣母玛利亚就在一个石制壁龛中悲悯地注视着芸芸众生。伏尔考林耐克周围的环境同样让人心醉神迷。它坐落于大法特拉山脉层峦叠嶂的怀抱之中,草甸上花团锦簇,姗姗来迟的紫色沼泽兰和如鸟眼般的报春花正在迎风怒放,而它下方的山谷,则是一片云雾缭绕之景。即便是村庄的名称也带着丝丝神秘气息:"伏尔"是斯洛伐克语的"狼"。让人不禁想象,会不会有哪座古老的房屋,一打开门,就走出来一位"小红帽"。

　　回到 59 号公路,再经过了几座在山影下打着盹的城镇,首先映入眼帘的是鲁容贝罗克。这里曾经是古代商贸的交通要冲，下塔特拉山、大法特拉山和乔科山等 3 座山脉在此交集。沿着橡木林立的道路继续向北，到达另一座赫赫有名的历史城镇——下库宾。如今一些旅行者往往对这座中世纪采石中心视若无睹，他们心心念念的，是更前方的奥拉瓦城堡。当然，这座壮观的 14 世纪城堡也是最终目的地。在行程的最后几千米，可以看到哥特式的高塔慢慢出现在道路前方。城堡屹立于小村奥拉夫斯基波扎莫克上方的山峦上，茂密的森林环绕山脚，如同为城堡披上了一件绿色斗篷。对于喜爱恐怖电影的人来说，这座古堡的剪影应当再熟悉不过了，奥拉瓦城堡正是吸血鬼电影《诺斯费拉图》的外景地。这部表现主义电影巨作至今仍被视为电影史上最恐怖的电影之一。不过在这部无声电影设定的背景时代中，吸血鬼还没进化成像《暮光之城》里那样能在阳光下生活的让人心动的英俊小生。

如果你是一位喜欢城堡的游客，那恭喜你真是来对了地方。斯洛伐克是一个城堡之国，根据历史记载，斯洛伐克曾经有 300 多座城堡，而现在在地图上依然能够找到的还有 168 座城堡。其中，被列入国家保护名录的文物古迹有 109 处。这些城堡包括欧洲最大的城堡斯皮什城堡、庄重的红石城堡、险峻的奥拉瓦城堡、清秀的尼特拉城堡。斯洛伐克首都布拉迪斯发的城堡所在山丘早在 4000 年前就已经是当时人们永久性的生活场所了。斯洛伐克拥有将近 200 座城市和村庄，在它们的所辖区域都遗留有中世纪的要塞和城堡。当时这些建筑用于保护通商的道路。历史在斯洛伐克留下了许多痕迹，在这里你能找到所有的建筑风格。在布拉迪斯发附近有古罗马皇帝恺撒统治时期修建的要塞遗址。在许多早期哥特式教堂中我们可以找到具有鲜明罗马建筑风格的痕迹，这种风格后来慢慢发展成了一种新的建筑风格。位于科希策市的哥特式圣阿尔日贝塔大教堂是欧洲建筑中一块耀眼的宝石。德国殖民地建筑风格在波霍利、斯比施或者高塔特拉区域的城镇中保留了下来。后期巴洛克建筑风格可以在现在的总统官邸中找到。群山环抱的自然环境很好地保存了民间风格的建筑，并得到了发展，变得越来越美丽。现如今，斯洛伐克已经有 5 处名胜古迹被联合国教科文组织列入了世界文化遗产的名单之中。

首先来看一下庄重的红石城堡。斯洛伐克首都布拉迪斯拉发的红石城堡有着"红宝石城堡"的美誉，其实这个历史古迹和红宝石没有一点儿关系，只是山上的石头是红色的而已。但它却是斯洛伐克保存得最好的文艺复兴风格的城堡，而且有着很多独特的地方。红宝石城堡外形有点像中国的四合院，也有说是"倒置的八仙桌"，整个方方正正的，中间也有一个天井。城堡里面还有各种各样的家具，大都经历了几百年的光阴，到现在仍然可以正常使用。城堡里面还有一个厅，叫作"中国厅"，里面摆满了来自中国的瓷器和家具。城堡里面还有欧洲最古老的药房，名字叫"金鹰"，并且一直运转了将近 300 年。城堡里面还有欧洲最大的酒窖，长 22 米，高 9 米，宽 8 米，走到下面会有很大的回声，甚至还可以在里面举办舞会。布拉迪斯拉发的州徽是一只后脚是车轮的鹿，这个徽章的来源也和红石城堡有关，传说和一个故事相关。那是在 1588 年，大贵族巴尔菲家族成为红石城堡的新主人。经过几代巴尔菲族人的不断修缮，红石城堡成为一座集文艺复兴和巴洛克风格于一体的豪华官邸。据说在一天夜里，城堡主人巴尔菲伯爵乘坐马车上山，由于当时大雾弥漫，根本看不清楚前面的道路。突然，公爵感觉到马车被什么东西卡住了，无法前进。外面伸手不见五指，公爵不敢下车查看，只好在马车里熬了一夜。第二天早上，公爵发现竟然是一头鹿卡在了车轮下，而车轮正好在悬崖边上。伯爵深感庆幸，于是就将族徽变成了一只后脚是车轮的鹿。后来，这个奇特的族徽慢慢演变成了布拉迪斯拉发的州徽。

再来看欧洲最大的斯皮什城堡。从科希策、普雷绍夫乘坐巴士前往勒沃卡和波普拉德方向时，会经过一条隧道，随后视野会变得非常宽广。在那片壮观的景致中，突然映入眼帘的是建在小山丘上的斯皮什城堡。这座欧洲最大的城堡，属于罗马风格，始建于 1209 年，当时是为了抵御鞑靼人的进攻而建。后来，经过改扩建，融合了文艺复兴和巴洛克风格，城堡也变得更加坚固了。不过城堡在 1780 年的大火中不幸被烧毁，成为一片废墟。虽然现在正在开展修复作业，但是从外表看上去依然一片荒凉。

居高临下的尼特拉城堡建于 11 世纪，当时是尼特拉主教居住的地方。城堡内的圣埃梅大教堂十分罕见地由 3 座教堂组成。这个建于 11 世纪的教堂群是罗马风格的，14 世纪加入了哥特式上层教堂，17 世纪又扩建了同样风格的下层教堂。内部的巴洛克风格值得一看。城堡区内还有主教区博物馆、城堡高塔等景点。

德文城堡位于布拉迪斯拉发市区以西约 10 千米的地方，是摩拉瓦河和多瑙河的交汇点。在合流处的丘陵上，有一座德文城堡的遗址。1—5 世纪的漫长时间里，德文城堡一直都是罗马帝国具有重要战略地位的城池。9 世纪的时候，德文城堡也是大摩拉维亚帝国的要塞，之后，经过几次改建，规模变大，却在 1809 年被拿破仑率领的法兰西军队攻陷，成为一片废墟。现如今，德文城堡荒芜的模样寂寞地倒映在多瑙河的河面上。

特伦钦城堡建在山丘之上，巨大的高塔给人留下深刻的印象。特伦钦城堡在 1790 年的一场大火中被付之一炬,20 世纪中叶后才开始修复工作,其间一直无人问津。而现在已经完好地再现了它当初的模样。特伦钦城堡内部已经被改建成了博物馆和画廊。从城堡最引人注目的四边形尖塔上可以瞭望到极致的风景。夜幕降临后,华灯齐放,在火车站站前的公园欣赏特伦钦城堡又是另一番滋味。夏季的夜间,特伦钦城堡还会上演中世纪的舞剑和舞蹈表演。

班斯卡·比斯特里察城堡由几间教堂和堡垒的遗址组成,这是原来老市政厅所在的地方。其中城堡最主要的部分,也是这座城市最古老的建筑——圣母玛利亚教堂。它在 13 世纪始建时是一座罗马式建筑,后来扩建了几座礼拜堂,其中最著名的是圣巴尔巴哈礼拜堂。如今已改成画廊的老市政厅建于 1500 年,建筑风格包括哥特式、文艺复兴式和巴洛克式。

如果你是一位喜欢博物馆的游客,那么你在斯洛伐克也能得到极大满足。在首都布拉迪斯拉发,你可以看到国家自然历史博物馆。位于奥索仆尼栈桥正北面的博物馆,给人以厚重感,透露出作为学术中心的气息。博物馆内一至三层展示了包括陨石在内的矿物标本、化石、栖息于斯洛伐克的动植物和鸟类的标本及复制品。四层则是以生物多样性为主题的展览。在布拉迪斯拉发还有一座犹太文化博物馆,介绍斯洛伐克犹太人的文化和历史。展览以年代为轴,结尾是对在战争中牺牲的约 7 万人进行的记录。位于尼特拉市的尼特拉博物馆是一座 1880 年建成的新文艺复兴式博物馆,展出尼特拉周边出土的壶、饰品和生物标本。位于特伦钦市的特伦钦博物馆坐落于 SNP 广场对面,小规模展示斯洛伐克以及该地的考古学、民俗学资料。在班斯卡·比斯特里察有一座斯洛伐克民族起义博物馆,这是一座以第二次世界大战末期爆发的斯洛伐克民族起义为主题的博物馆。馆内具体展示了起义中使用的武器、通信设备、服装和起义情况。旁边的公园还展示了第二次世界大战中德军和苏军使用过的战车、装甲车及大炮等武器。来到小城市马丁，这里还有民族学博物馆和斯洛伐克村落博物馆。民族学博物馆内展出了众多民族服饰，拥有 10 多万件各类藏品，从最初展示考古学和历史方面的资料，到后来延展到农业用具、木材、陶瓷和玻璃等工艺品以及民族服饰。博物馆内展示的民族服饰依据地域和用途不同，类型也不同，往往能吸引很多游客的兴趣。馆内还会不定期举办特别展览。位于马丁远郊的斯洛伐克村落博物馆是一个大面积露天博物馆。馆内搜集了100 栋斯洛伐克西北部的传统木屋。博物馆还会定期组织免费旅游团参观，游客可以了解到 19 世纪后期到 20 世纪初斯洛伐克民众的生活和文化。这里还不定期举办传统公益展示以及传统音乐演奏等活动。馆内还包含了斯洛伐克罗姆人文化博物馆。在班斯卡·什佳夫尼察市，有一座露天矿山博物馆。游览这个博物馆，你需要在导游的带领下，戴着头盔，穿着专用外套，打着大型手电筒参观阴暗湿冷的巷道。通过巷道时得缩肩弓背，头顶还时不时滴下水珠。内部以绘图和图片的形式，展示了 17—19 世纪采矿时的情景。据说当时矿工徒手挖掘，一年只能推进 10 米。

　　来到科希策，这里有东斯洛伐克博物馆。这家博物馆会举办科希策黄金珠宝展。地下有一个地方被严密看管着，如同银行金库一般，那里正是 1935 年施工时偶然发现的大量中世纪金币的存放处。展览还会展出各类宝石和服饰用品。馆内还展出栖息于本地的动植物、矿物标本和本地出土的文物。馆内的走廊上会挂当地小学生的画作，还能看到中世纪至 20 世纪的各类家具。科希策还有一座斯洛伐克科技博物馆，这是一座通过翔实的资料展示工业技术和工业产品演进过程的博物馆。
电话、电唱收录机、光学仪器和打字机等古今工业制品在这里
都能看到。电唱收录机展览室还现场播放音乐,光学仪器展览
室则展出炫目的灯光。总而言之,这是一个会给你带来惊喜的
博物馆。科希策还有一座特殊的博物馆,那就是监狱博物馆。
馆内从古科希策见到的模型等展品可以看出,为防止奥斯曼帝
国军队来袭而构筑三重城防工事时的紧张气氛。馆内还展出
单人牢房,仅看看地下室中摆放的当年用于拷问的工具就让人
不寒而栗。再转到普雷绍夫市,这里有地域博物馆。位于福音
教堂对面的这座博物馆展示了当地出土的土器、人骨,普雷绍
夫的历史,等等。此外还介绍有关钱币的知识,以及斯洛伐克
不同山区地带的不同精美服饰等,展览内容丰富。馆内还采用
人偶展示 1 世纪前人们的生活场景。普雷绍夫市内还有一座
葡萄酒博物馆。老市政厅(建于 15 世纪)曾经的地下室酒吧于
1994 年被改成葡萄酒博物馆。推开重重的木门,沿着石阶而
下,就会被一股冷气包围。馆内被分成多个小隔间,按生产顺
序展示全球超过 2000 种葡萄酒,还有历史上生产葡萄酒的各
种工具。最里面是一个大厅,中间摆放了一张大桌子,以营造
当年酒吧的气氛。位于斯洛伐克东北部的山间小镇勒沃卡,还
有一座斯皮什博物馆。这是一座国家博物馆,由斯皮什城堡、
老市政厅的历史博物馆、马斯特尔·帕芙拉之家、地域博物馆
组成。马斯特尔·帕芙拉是 16 世纪初留下许多件精美宗教艺
术品的知名工匠。根据文献记载,他从 1506 年开始,在这个小
镇生活了近 30 年。如今,帕芙拉的故居兼作坊已经被翻新成
雕刻作品展览室。在众多展品中,"圣雅各布教堂的祭坛"是最
不容错过的。

　　在斯洛伐克,你也可以选择用脚慢慢地丈量一些城市的老

城区,细细体验不一样的异国风情。

在首都布拉迪斯拉发,包括布拉迪斯拉发城堡在内的老城区面积不大,大概方圆 1 千米,漫步也可以轻松穿行其间。老城的入口是迈克尔门,这是老城的城墙遗址。穿门而过,前面就是米哈尔大街。大街两旁有各种各样的商店和咖啡馆等,很是热闹。途中看到一家以金龙为标志的药店,就可以左拐了,穿过有爱尔兰酒吧和法国大使馆的塞德拉尔大街,就来到了大广场。大广场的中央有喷泉,周边有露天特产店和室外咖啡馆。广场东侧的建筑就是老市政厅,有哥特式和巴洛克式两种风格,现在已经改成了城市历史博物馆。对面的奥波尼宫殿,现在是红酒博物馆。从大广场沿着雷巴斯拉卡拉尼亚大街往南走,来到岔路口,沿着右边的盘纳斯卡街往前走,就能看到顶部为高塔的圣马丁大教堂。穿过一条街再往前走,就可以看到布拉迪斯拉发城堡。沿着雷巴斯拉卡拉尼亚大街一直往南,就到了赫维兹多斯拉夫广场,左侧就是斯洛伐克国家剧院。穿过广场,左边有巴洛克风格的建筑,再往前走,就来到了多瑙河边。河畔有很多咖啡馆,可进去喝杯咖啡。河面上的船里也有咖啡馆,还可以坐在船上,边喝咖啡边欣赏多瑙河美丽的风景。

漫步尼特拉,可以从位于城南的尼特拉火车站和巴士总站出发,沿着东侧的大街往北走,就能看到城市的中心区域——斯瓦托普鲁克广场。广场上有尼特拉博物馆。以广场为界,北边是老城,南边是新城。屹立在北边丘陵上的尼特拉城堡是老城的中心。城堡的周边还有圣埃梅拉姆大教堂、圣拉迪斯拉夫皮亚里斯特教堂等历史建筑。

漫步科希策,可以从科希策火车站出发。出站后,左边的大型建筑是巴士总站,从这里漫步到老城只需要 5 分钟。走出火车站所在的公园,沿着姆林斯卡街走,前面就是老城的地标建筑圣伊丽莎白大教堂。纵贯老城南北的是夫拉瓦纳街，街上餐馆、咖啡馆、商店众多，很是热闹。大街的中心位置是新巴洛克风格的国家剧院，建于 19 世纪。国家剧院的正对面是主广场，到了夏季，广场上会有音乐喷泉表演，在美丽的灯光的映衬下，绚丽无比。

漫步特伦钦，走过特伦钦车站附近的公园后，有一条地下通道，从那里走到街道对面就会看到老城东面的 SNP 广场。沿着广场往前走就是特伦钦博物馆。博物馆前的分岔路前方是老城的中心——米洛夫广场。沿着广场左边的石板路往上走，特伦钦城堡就在眼前。

漫步普雷绍夫，沿着马萨利克街向北走，大概步行 20 分钟就会来到石板广场，这就是莱基欧洛夫广场，建于 19 世纪。普雷绍夫老城有大量后哥特式和文艺复兴式建筑，形成了一道道美丽的风景。夫拉瓦街中央有一个广场，那里屹立着一座圣米库拉什教堂，高高的绿色尖塔很有特点。

漫步小城勒沃卡，从巴士站出来，穿过站台旁的考斯查门就到了老城。再往前走，左侧有一个大广场，这是老城的中心马斯特尔·帕芙拉广场。这个南北走向的广场整体形如公园，广场对面有博物馆和酒店。老城的规模很小，文艺复兴样式的老市政厅和拥有世界最高哥特式祭坛的圣雅各布教堂是值得一去的景点。2009 年，这里入选世界文化遗产。

漫步小城巴尔代约夫，可以从停靠巴士的老城周边的城墙出发。市中心是市政广场，广场中央立着老市政厅大楼。这栋始建于 1505 年的大楼几经改造，是斯洛伐克国内最早的文艺复兴风格建筑。现在它的内部是历史博物馆。小镇很小，用一天的时间足够逛完。老城周边完好地保存了建于 14 世纪的城墙和堡垒。2000 年的时候，依稀可见中世纪影子的老城就已入选世界文化遗产。

在斯洛伐克,除了上文所述的自驾之旅、城堡之旅、博物馆之旅和漫步老城之旅之外,你还可以选择温泉之旅或者溶洞之旅。

斯洛伐克的温泉在欧洲也是非常有名的,每年斯洛伐克的各个温泉疗养区,都云集了来自世界各地的游客。皮耶什加尼是斯洛伐克最有名的温泉城,据说早在约 2000 年前,古罗马的士兵就已经在这里享受温泉了。到了 16 世纪末期,人们就已经知道了这里不仅有可以治疗疾病的泉水,而且有治疗坐骨神经痛的黑泥。当然,斯洛伐克境内最古老的温泉疗养胜地非巴尔代约夫莫属,早在 1247 年,就已经有了关于此地泉水能治疗疾病的记载。巴尔代约夫的温泉疗养公园也是十分大的,有300 多公顷,而且公园是没有边界的,与周围的森林融为一体。斯洛伐克各地方的温泉价格不尽相同,以皮耶什加尼为例,洗浴、休息、按摩一套服务做下来一般是 2 小时左右,花费可能在50—100 欧元之间。

斯洛伐克江河水域众多,娱乐休憩和水上运动种类繁多。斯洛伐克的地下水蕴藏也十分丰富。岩溶地区的人们许多世纪来一直精心保护当地的矿泉水,每一位过路人都可以开怀畅饮。许多矿泉被发现并在其周围建成了温泉疗养院。地下水中有治疗作用的淤泥、地下水的温热和地下水从地底深处带上来的矿物质都可以用来治疗各种疾病。在斯洛伐克可以找到许多滴石溶洞,其中有美丽非凡的天然石柱,在这里可以治疗哮喘病和过敏症。神秘的冰岩洞每个夏天增加它的装饰,每个冬天又以新的面孔给人们带来惊喜。位于波普拉德·塔特拉山以南约 40 千米处的多宾辛斯卡冰洞全长约 1.5 千米,深 112米,洞穴被冰面覆盖,是全国规模最大的冰洞。该冰洞形成于

40万—30万年前的冰河时期。由于地表的凹陷,密封在被隔离的洞穴内的冷气冻住了从地表渗透进洞内的雨水和霜,形成了厚厚的冰壁和冰柱。冰层最厚处达 26.5 米,洞穴内冰面总面积有近 1 万平方米。当地的采矿工人在 1870 年作业时发现了这个冰洞。你可能不相信,在 20 世纪初期,这里还曾经作为花样滑冰的训练场。现在,多宾辛斯卡冰洞只在夏季的一段较短的时间内面向公众开放。导游会带领游客参观地下,大概需要 30 分钟。洞内即使在夏季,温度也在 0℃以下,需要提前准备好厚外套。参观的对象包括 2 个冰洞和连接冰洞的过道。冰洞内天空蓝的冰壁散发着神奇的魅力。

下篇

斯洛伐克与中国

中斯合作与发展

斯洛伐克位于欧洲中部,地理位置优越,是北约、欧盟、申根协议区、欧元区、经济合作与发展组织等重要国际组织的成员。在贸易、投资、物流、科技创新、旅游、文教等很多方面,中国与斯洛伐克都有着良好的合作与发展。

斯洛伐克政局相对稳定。2019 年 3 月,律师出身的苏珊娜·恰普多娃当选斯洛伐克新总统,并于 6 月 15 日宣誓就职,任期 5 年。2020 年 2 月 29 日,斯洛伐克还举行了 1993 年独立以来的第八次议会选举。3 月 21 日,由普通公民组织、惠民党、我们是家庭党和自由与团结党组成的四党联合政府成立,由伊戈尔·马托维奇担任总理。斯洛伐克新政府重视经济外交,积极推动本国出口和吸引外国直接投资,并为致力于开拓国际市场的斯洛伐克企业提供支持。斯洛伐克新政府奉行一个中国政策,将发展对华关系、深化双方合作作为斯洛伐克外交政策的优先方向。近年来,中斯关系发展顺利,斯洛伐克积极参与中国"一带一路"倡议和"中国—中东欧国家合作"。2015 年 11 月,斯洛伐克和中国签署了"一带一路"合作备忘录。2017 年 4 月,斯洛伐克政府批准了由斯洛伐克经济部提交的《2017—2020 年斯洛伐克与中国发展经济关系纲要》,该纲要指出,斯洛伐克将重点在投资、商业、贸易、交通、旅游、科研及创新等领域与中国开展合作,强调要增强两国政府间经济联委会对经贸合作的促进作用,其中还特别提到"一带一路"倡议的实施。2019

年 4 月在克罗地亚举行的中国—中东欧国家第八次领导人会晤上,中斯两国签署了《中华人民共和国海关总署与斯洛伐克共和国农业和农村发展部关于斯洛伐克输华乳品动物卫生和公共卫生条件议定书》,为斯洛伐克乳制品对华出口奠定了法律基础。2019 年 10 月,中斯两国签署了《中华人民共和国文化和旅游部与斯洛伐克共和国交通建设部关于旅游合作的备忘录》。2019 年 11 月,中斯两国还签署了《中华人民共和国交通运输部与斯洛伐克共和国交通建设部关于交通运输和物流领域合作的谅解备忘录》和《中华人民共和国政府与斯洛伐克共和国政府关于相互承认高等教育学历学位的协议》。

斯洛伐克经济相对稳定,在过去几年中,它是欧盟成员中经济增长较快的国家之一。近年来,斯洛伐克贸易规模不断扩大,失业率屡创新低,财政赤字率创独立以来新低。斯洛伐克经济外向度高,工业和贸易过分依赖汽车产业,抵御外部风险能力较弱。东西部发展水平不平衡,西强东弱。斯洛伐克拥有优质的劳动力资源,其劳动生产率和劳动成本的比值在中东欧国家中最高。劳动力中受过中高等教育的人数比例在所有欧洲国家中排名第一。斯洛伐克的优势产业为汽车、电子、冶金和机械制造。汽车工业是其支柱产业,在经济中占有重要的战略地位。电子工业是斯洛伐克经济的重要产业之一。此外,冶金和机械制造业历史悠久,具有较高水平。随着科技进步的加快,斯洛伐克政府已意识到进行产业升级转型的重要性,认为工业 4.0、人工智能、电动汽车、5G 网络建设、自动化、物联网、大数据、区块链等新型科技将成为拉动斯洛伐克经济增长的新动力。斯洛伐克政府加快进行数字化转型并制定了一系列新发展战略和行动计划,为中国企业在斯洛伐克投资兴业、获得商机提供了难得的机遇。

斯洛伐克的特色产业主要有汽车工业、电子工业、机械设备制造业、农业等,与中国的产业能较好地形成优势互补。汽车工业是斯洛伐克主要支柱产业之一,具有"外资主导,出口导向"的特点,在其经济中占有重要的战略地位。斯洛伐克投资贸易促进局的报告显示,2019 年斯洛伐克汽车产业总产值占GDP 的 15%。据斯洛伐克汽车协会统计,2019 年斯洛伐克汽车产量超过 110 万辆,与 2018 年相比略有增加,斯洛伐克人均汽车产量继续稳居世界第一。汽车产业占斯洛伐克工业生产和出口的比重分别达到 49.5% 和 46.6%。电子工业也是斯洛伐克经济的重要支柱产业之一,也是斯洛伐克吸纳就业最多的产业之一。近年来,在政府鼓励政策支持下,外资进入斯洛伐克电子工业的增速明显上升,三星、索尼等跨国公司纷纷在斯洛伐克落户。斯洛伐克机械设备制造业历史悠久,早在 17 世纪就出现了采矿、冶金和金属加工业。第一次世界大战后,斯洛伐克机械制造业有了较大发展,并在 20 世纪 90 年代成功转型。目前机械设备制造业主要产品有:建筑机械、林业机械、电站及其他锅炉、铁路机车、车厢、机床、教练机发动机、医疗器械、轴承等。斯洛伐克的农业用地约有 240 万公顷,农作物总产量超过 600 万吨,主要农作物有大麦、小麦、玉米、油料作物、马铃薯、甜菜等。

1949 年 10 月 6 日,捷克斯洛伐克与中国建交。1993 年 1 月 1 日,斯洛伐克独立后,中国同捷克斯洛伐克签署的条约和协定对斯洛伐克继续有效。中斯双方还商定,保留 1949 年 10 月 6 日为两国建交日期。1993 年 1 月 15 日,中国同丹麦等国一起共同向联合国秘书处提出关于联合国接纳斯洛伐克为其成员国的提案。其后,中斯双方互访不断,政治互信加深,经贸合作不断扩大。

自 1993 年以来,两国关系取得长足发展,双方高层领导人保持经常接触、互访,对两国的双边关系发展产生了积极的推动作用。中斯两国政治互信不断增强,经贸合作富有成效,人文交流日益活跃,在国际多边场合保持密切沟通、合作良好。

在中斯经贸关系方面,近年来,中斯之间的双边贸易额逐年上升。中斯双边贸易额 2010 年为 37.5 亿美元,2011 年为 59.69 亿美元,2012 年为 60.08 亿美元,2013 年为 65.4 亿美元,2014 年为 62.1 亿美元,2015 年为 50.3 亿美元,2016 年为 52.7 亿美元,2017 年为 53.1 亿美元,2018 年为 77.8 亿美元,2019 年为 88.9 亿美元,同比增长 14.3%,其中中方进口 59.7 亿美元,同比增长 13.8%,出口 29.2 亿美元,同比增长 15.2%。据中国商务部统计数据,截至 2019 年底,中国对斯直接投资 1.1 亿美元,斯洛伐克对中国直接投资 9488 万美元,中国企业在斯洛伐克累计完成工程承包营业额 2764 万美元。

随着中斯双方经贸关系的增强,两国在文化、科技与教育等领域的交往与合作也日益密切。

在文化方面,1994 年 2 月,中斯双方签署了 1994—1995 年度文化合作计划。1994 年 2 月,中国在斯洛伐克首都举办了"西藏艺术展览"。1996 年 9 月,双方签署 1996—1998 年文化合作计划。1998 年 6 月,斯洛伐克文化周在京举行。2000 年 5 月,双方签署两国文化部关于延长合作计划有效期的议定书,并举办"斯洛伐克文化日"活动。2001 年 9 月,西藏自治区阿里地区象雄艺术团和甘肃省敦煌艺术剧院联合组成"中国民族艺术团"赴斯洛伐克访演。2002 年,在斯洛伐克首都布拉迪斯发举办了"世界文化遗产在中国"图片展。2003 年 1 月,双方签署了 2003—2005 年文化合作计划。2004 年 11 月,中国在斯洛伐克举办"中国电影周"。2005 年,中国在斯洛伐克举办"上海风情"图片展。2006 年 10 月,中国在斯洛伐克举办"中国少数民族服装服饰展"。2008 年 7 月,中国在斯洛伐克举办"感知中国·中欧行"大型文化活动;斯洛伐克在中国举办"斯洛伐克电影周"。2009 年 5 月,斯洛伐克文化部部长马贾里奇访华,双方签署中斯文化合作计划;7 月,中国广播民族乐团赴斯洛伐克演出取得圆满成功。2010 年,中央民族乐团赴斯洛伐克举办新年大型民族音乐会。2012 年,辽宁芭蕾舞团在斯洛伐克国家剧院演出芭蕾舞剧《末代皇帝》。2014 年,两国文化部签署 2015—2019 年文化合作计划。2016 年以来,"欢乐春节"活动连年在斯洛伐克举办。2019 年,中斯双方共同举办系列文化活动庆祝中斯建交 70 周年。

在科技方面,1997 年 2 月,中斯双方签署两国政府科技合作协定,定期召开科技合作委员会会议。1998 年 4 月,双方签署中斯科技合作委员会第一届会议议定书。2002 年 3 月,中斯第二届科技合作委员会会议在斯召开,确定了 14 个合作项目。2003 年 1 月,双方签署了《中华人民共和国国家林业局和斯洛伐克共和国农业部关于在造林领域合作的议定书》。2005 年 5 月,中斯第三届科技合作委员会会议在北京召开。2006 年,中国科协名誉主席周光召访斯。2008 年,中斯科技合作委员会中期会议在京举行。2010 年 3 月,中斯科技合作委员会第五届会议在京举行。2010 年 6 月,中国青岛软控集团在斯洛伐克设立橡胶轮胎设备研发与技术中心。2013 年,双方在斯洛伐克召开中斯科技合作委员会第六次会议。2015 年 9 月,双方在斯洛伐克召开中斯科技合作委员会第七次会议。2017 年 11 月,中国科技部与斯洛伐克教育、科研、体育部签署《关于联合资助中斯科研合作项目谅解备忘录》。2018 年 9 月,中斯科技合作委员会第八次例会在北京召开。

在教育领域,1994 年 7 月,中斯双方签署两国教育部 1994—1997 年教育合作计划。1998 年 5 月,双方签署两国教育部 1998—2001 年教育合作计划。2001 年 12 月,中斯签署两国教育部 2001—2004 年教育合作计划。两国于 1993 年起互派留学生。2007 年 2 月,双方签署两国教育部 2007—2010 年教育合作计划。根据协议,双方每年互换 15 名奖学金留学人员和 1 名语言教师。北京外国语大学、考门斯基大学分别设有斯语和汉语专业。2007 年,斯洛伐克第一所孔子学院在斯洛伐克技术大学举行揭牌仪式。2014 年,第十三届"汉语桥"世界大学生中文比赛斯洛伐克、捷克赛区预赛成功在斯洛伐克举办。2015 年 9 月,上海对外经贸大学和考门斯基大学在斯洛伐克合作成立第二所孔子学院。11 月,双方签署两国教育部 2016—2019 年教育合作计划。2016 年 9 月,中国国家汉办和布拉迪斯拉发孔子学院合作,在班斯卡·比斯特里察科瓦奇中学开设斯中双语实验班。2017 年 10 月,天津大学与斯洛伐克技术大学牵头成立"中国与中欧国家科技创新大学联盟"。2019 年 11 月,双方签署《中华人民共和国政府与斯洛伐克共和国政府关于相互承认高等教育学历学位的协议》。

在交通方面,2017 年 10 月 27 日,装载着来自中国华东、华北以及东北等地区的总货值超过 300 万美元产品的"中国大连—斯洛伐克布拉迪斯拉发"集装箱班列从大连港准时开行,标志着中国首条直达斯洛伐克的中欧班列正式开通。中欧班列是指中国到欧洲全境的铁路运输,是中国开往欧洲的快速货物班列,也是中国直达欧洲全境的铁路运输服务代理,为国际贸易客户提供铁路进出口物流服务。自 2011 年 3 月 19 日,首列中欧班列(重庆—杜伊斯堡)成功开行以来,成都、郑州、武汉、苏州、长沙等城市也陆续开行了去往欧洲的集装箱班列。

2013 年,随着国家"一带一路"的构想逐渐实现,中国实现了中欧班列的常态化。2016 年统一品牌为"中欧班列"。随着越来越多的班列开通运行,被誉为"铁轨上的丝绸之路"的中欧班列为中欧经贸合作插上了腾飞的翅膀。在疫情之下,国际海运、空运都受到限制的情况下,中欧班列体现出了它强劲的优势。中国作为全球最大的防疫物资生产国,像口罩、防护服、防护面罩等医疗物资,都可以通过中欧班列运往欧洲。

中国大连—斯洛伐克布拉迪斯拉发班列从大连港出发,途经俄罗斯、乌克兰,最终抵达斯洛伐克首都布拉迪斯拉发,班列全程需运行 10537 千米,用时 17 天。与以往中欧班列通过白俄罗斯(布列斯特)至波兰(马拉舍维奇)进入欧盟通道不同,该班列打通了俄罗斯(多布拉)至乌克兰(乔普),再通过斯洛伐克进入欧盟的全新通道,开辟了中欧班列进入欧洲的新大门,比传统海运可以节省一半的时间,与原中欧通道相比也具有运输时间短、换装效率高等优势,可以有效缓解原通道车辆频繁拥堵的现象。作为中国首条至斯洛伐克的直达中欧班列,大连—布达迪斯拉发班列的优势在于可以承接中国华南、港澳台港口、中国北方内陆城市、日韩以及东南亚港口货源,通过海运或陆路运输至大连,经满洲里出境,直接通往斯洛伐克的布达迪斯拉发。此条班列路线是连接东欧各国的新启门户,可辐射捷克、奥地利、匈牙利、波兰、罗马尼亚、塞尔维亚、保加利亚等国家。中国大连—斯洛伐克布拉迪斯拉发中欧班列开启了中国与中东欧贸易合作的新通道,将成为独具竞争力和吸引力的国际陆海联运大通道,为中斯两国和沿线国家互联互通、合作共赢提供重要平台。

汉学与汉语教学

斯洛伐克的汉语教学源于斯洛伐克汉学,其发展的 60 余年间,先后出现了 4 代汉学家,他们不仅是斯洛伐克汉学研究的中坚力量,更是斯洛伐克早期汉语教学活动的发起者与参与者。斯洛伐克的汉语教学的历史发展主要体现在考门斯基大学、斯洛伐克国立语言学校和布拉迪斯发孔子学院汉语教学发展的过程中。

20 世纪五六十年代的捷克汉学在世界汉学领域中独树一帜,被称为布拉格学派。当时在布拉格科学院和查理大学任职的新派汉学家雅罗斯拉夫·普实克突破了传统欧洲汉学只注重中国古代文化研究的框架,把研究方向拓展到文学,特别是对中国现代文学的研究上,主张古代文学与现代文学并重。学科领域的拓展直接影响了当时正在求学的第一代斯洛伐克学子,为此后的斯洛伐克汉学奠定了文学和文化研究的基础。

1960 年,斯洛伐克建立了第一个汉学研究机构,即斯洛伐克科学院东方学研究所,研究的范围包括中国历史、中国古代文学、中国现代文学、中国语言学、汉语语音学等。60 多年来,斯洛伐克先后出现了 4 代汉学家,他们的研究领域涉及中国现代文学、现代文学批评史、中西文学比较、古代文学、古代历史和哲学、宗教等诸多方面,成绩斐然。

说起汉学家,就不得不提到汉学大师——高利克。20 世纪 50 年代,从查理大学毕业的马立安·高利克是斯洛伐克第一代汉学家中的代表人物,也是斯洛伐克汉学研究的奠基人之一。高利克是当今国际著名的汉学家和比较文学家,2003 年获得斯洛伐克科学院最高荣誉奖"总统奖",2005 年荣获在国际学术界被誉为人文学术诺贝尔奖的"亚历山大·洪堡学术奖"。高利克于 1953—1958 年在查理大学学习远东史和汉学,1958—1960 年作为研究生在北京大学学习研究中国文学,1960 年回国后,在斯洛伐克科学院东方研究所研究中国文学。在半个多世纪的学术生涯中,高利克专心于中西思想文化史,对中国现代文学有着深刻的研究,出版了 11 部学术著作,发表了 270 多篇论文,并将老舍、茅盾等人的作品翻译成斯洛伐克语并出版。

1958 年,高利克来到北京大学留学后,一直跟从他的导师、著名文学史家吴组缃教授学习。当吴教授知道高利克的兴趣是研究茅盾的作品时,便详细地向他介绍了当时国内研究茅盾的一些成果,并建议他探访茅盾的故乡乌镇。1959 年,高利克只身一人探访了上海和乌镇。在西方汉学研究者中,他是第一个去茅盾故乡乌镇访问的人。

在普实克教授的推介下,刚来北大不久的高利克还有机会拜见了茅盾先生。1958 年 9 月 25 日下午,高利克来到了时任中华人民共和国文化部部长的茅盾先生的办公室。茅盾对其翻译的《茅盾短篇小说集》,以及普实克教授主持的《茅盾作品集》,给予了很多建议。以后两人还见过 3 次面,并书信往来,交往甚密。在与茅盾先生的交往中,高利克掌握了许多研究茅盾的第一手资料。以此便利,他成为斯洛伐克第一个研究茅盾笔名和文体的汉学家。1960 年,他在北大写下的第一篇论文题目是《茅盾先生笔名考》,这篇论文还曾由茅盾先生亲自过目、修订和增补。当时在中国一般人所知的茅盾笔名不过 20 多个,经过高利克的考证查找研究,竟然新发现了 30 多个,由此茅盾先生的笔名增至 60 多个。

从北大学成归国后，高利克一直致力于比较文学的研究，并且取得了卓越的成就。其《中国现代文学批评发生史》《中国现代思想史研究》《茅盾与现代中国文学评论》《德国在现代中国思想史上产生的巨大影响》《在传统中国文学评论中的创造性的人物的概念》《中西文学关系的里程碑》《中国现代思想史研究》等论著在国际汉学界有着广泛影响，并得到了一致肯定。

1993 年，虽然捷克和斯洛伐克各自独立，但汉学研究的传统仍在一直延续着。在高利克的组织领导下，国际汉学研讨会曾多次举办，并就多项议题进行了研讨。此外，在教学方面，1988 年起，他在布拉迪斯拉发的考门斯基大学哲学院东亚语言文化系汉学专业兼职教授中国文学、历史和哲学。1989 年起，他在上海的华东师范大学担任顾问教授。2009 年起，担任浙江大学的兼职教授。

与高利克同一代的汉学家核心人物还有翻译专家——安娜·多列扎洛娃。她从 1960 年开始在东方学研究所研究汉学。她研究的主要方向是中国现代文学及其文学生活、中国文学批评，后来对"文化大革命"之后出现在中国的各种文学政治现象进行了特别研究。她以研究中国现代散文家郁达夫的作品而闻名，把郁达夫的短篇小说《春风沉醉的晚上》翻译成了斯洛伐克语并出版。同时，多列扎洛娃对中国古代的很多名家，比如孔子、孟子、荀子、屈原、司马迁、李白、杜甫、白居易等等，都做过相关研究，并用斯洛伐克语介绍给大家。到了 20 世纪 80 年代，多列扎洛娃开始研究中国的"伤痕文学"，把《棋王》《李顺大造屋》《夜的眼》等小说翻译成斯洛伐克语出版。值得一提的是，多列扎洛娃对语言非常有天赋，她本人精通斯洛伐克语、英语、德语、俄语、西班牙语、匈牙利语和汉语，前后翻译发表了

200 多本著作,并因此在 2009 年获得了斯洛伐克的最高翻译奖——扬·霍利奖。

斯洛伐克汉学家中还有翻译中国四大名著之一的《红楼梦》的传奇人物——黑山。黑山的真名叫作玛丽娜·查尔诺古尔斯卡,黑山是她的祖姓。黑山师从翻译专家多列扎洛娃,以将中国的文学巨著《红楼梦》翻译成斯洛伐克语而闻名。黑山与《红楼梦》的结缘,还是在青年时期。在查理大学读书的时候,黑山非常喜欢中国的古典名著,除了《红楼梦》之外,还经常阅读《论语》《孟子》《道德经》等中国古典作品。在这段时期,黑山深深地被《红楼梦》的艺术魅力折服,认为这是一部集所有重要的中国文化之大成的百科全书,一部蕴含重要的人生哲理和世界观的大师级文学作品。同时,黑山认为早期翻译成英文的《红楼梦》质量不是很好,影响了在欧洲特别是在斯洛伐克的群众接受度。于是,1978 年,她决定要把《红楼梦》翻译成斯洛伐克语。这个庞大的工程几乎占用了她此后所有的业余时间。经过了 12 年的艰苦努力,一直到 1990 年初,120 回本的《红楼梦》斯洛伐克语版本终于翻译完成。黑山将这套书分成了《春》《夏》《秋》《冬》共 4 卷,并命名为“贾府命运的四部曲”。2001年,《红楼梦》斯洛伐克语版本的第一卷《春》出版,一直到 2003年,全部 4 卷出齐。该套书一经出版,便引起了读者的广泛反响,不到 3 年,2006 年就开始了第二次印刷。2004 年,黑山也因翻译《红楼梦》而获得斯洛伐克的最高翻译奖——扬·霍利奖。

此外,在斯洛伐克有研究中国民间文化的学者——丽达。丽达原名哈塔洛娃,毕业于考门斯基大学,1992 年开始在东方研究所工作,主要从事中国近代史和中斯民间文化的比较研究。丽达爱好中国民间文化,对中国民间文化有较为深入的研究。2001年,她根据自己多年收集的中国民间成语、俗语的资料,编著出版了《没有百日黑》。其后又相继出版了《中国和斯洛伐克动物拟人习语俗语》和《中国流行用语中作为一种隐喻或象征的狗》等中国民间文化研究的著作。同时,丽达还翻译发表了一些中国文学作品,比如苏童的《碧奴》等。

有研究中国画的画家——唐艺梦。唐艺梦原名茨拉克娃,毕业于考门斯基大学,是一名职业画家,先后在中国、斯洛伐克、德国、法国、奥地利等多国举办画展30余次。她对中国画情有独钟,先后研究发表的论文有《徐悲鸿绘画创作中马的象征意义》《中国现代抽象绘画的发展过程》《徐悲鸿先生与布拉格》《中国绘画的变化》《唐朝现象》等。此外,唐艺梦还翻译了多篇中国诗人的作品。

还有研究中国藏学的学者——马文博。马文博是斯洛伐克第一位研究中国藏传佛教和宗教政策的青年学者。马文博毕业于考门斯基大学,并于1991—1993年来到北京大学中文系进修。回国后,进入斯洛伐克东方研究所,并师从汉学家高利克。2000—2006年期间,马文博多次来到中国进行田野调查。他深入村庄和寺庙,与当地的村民和寺院里的喇嘛进行访谈。同时,他以研究藏传佛教为主,详细搜集分析了历史上,特别是中华人民共和国成立之后,中国政府对待处理藏传佛教的政策、措施和法规。马文博以此为研究基础,出版了2部著作:《西藏:其人、其地、其文》和《中国对藏传佛教的宗教政策》。同时,先后发表了40余篇有关西藏文化方面的研究论文,主要有《7—9世纪唐代中央政权与西藏的政治关系》《唐德宗早期对中亚的政策》《作为一种活的宗教的藏传佛教》《旅游对西藏寺庙的影响》《藏传佛教在中亚的复兴》等等。这些论文分析了西藏的文化、宗教、习俗,从多个角度向斯洛伐克的读者介绍了西藏地区的风土人情与宗教传统。

在汉语教学方面,考门斯基大学起到了关键作用,称得上是汉语教学的奠基者。和斯洛伐克的汉学发展经历比起来,在斯洛伐克的汉语教学就显得相对短一些,也简单一些。如果说1960 年斯洛伐克科学院东方研究所的建立是汉学研究的开端,那么 1988 年斯洛伐克考门斯基大学东亚语言文化系的建立为汉语教学翻开了崭新的一页。

考门斯基大学坐落于斯洛伐克的首都布拉迪斯拉发,成立于 1919 年,是斯洛伐克历史最为悠久、规模最大的综合性大学。1988 年,在汉学家高利克教授的提倡下,考门斯基大学开设汉学专业,教授汉语课程和日语课程。当时的授课教师除了高利克之外,还有翻译专家多列扎洛娃和翻译《红楼梦》的黑山,以及来自捷克的两位汉学家,他们为汉学专业的建立和发展打下了坚实的基础。此外,中国政府也向考门斯基大学的汉学专业提供积极的帮助,中国教育部向汉学专业的学生提供政府奖学金,让他们在学习汉语期间,可以申请包括北京大学、中国人民大学、北京外国语大学等著名高校在内的 1—2 年的留学机会。同时,中国政府还累计派出 10 余名优秀汉语教师,到考门斯基大学进行汉语口语、听力和阅读的教学,并捐赠《汉语教程》《新实用汉语课本》等授课教材。

汉学专业刚成立的时候,招收 6 年制硕士生,起初每 6 年招生一次。后来随着专业的发展,改为 4 年招生一次。到了2006 年,6 年制硕士生又改为“4＋2”学制,也就是说,新生入学后先学习 4 年制的汉学专业本科课程,4 年毕业后可以再自由选择是否继续学习后面 2 年的研究生课程,在继续攻读研究生的阶段,还有一次去中国留学的机会。2010 年,该汉学专业开始招收第一届博士生。考门斯基大学汉学专业的课程涵盖了汉学研究的方方面面:现代汉语语法、汉语口语、汉语写作、古代汉语、中国古代文学、中国现当代文学、中国历史、中国地理、中国哲学、中国宗教、中西比较文学等等。在本科学习阶段,汉学专业教学的重点主要在于提高学生的汉语口语水平,培养学生良好的汉语交际能力,掌握一定的中国社会文化背景知识。到了研究生阶段,在进一步提高学生汉语水平的基础上,再重点培养学生对中国文学、中国哲学、中国宗教、中国历史等相关领域的深入分析研究的能力。学生在每学期期末需要通过考试才能取得相应的学分,在中国留学期间取得的学分也会算入总的学分当中。学分修满后,需要提交毕业论文,通过答辩,才可获得相对应的学士、硕士或者博士学位。

除了高校的汉语专业,还有面向社会招生教汉语的语言学校,那就是斯洛伐克国立语言学校。斯洛伐克国立语言学校成立于 1953 年,主要面向社会在职外语学习的需求,主要的培训语种有:英语、德语、法语、西班牙语、意大利语、俄语、阿拉伯语、汉语、日语等等。2005 年开始,该校开始进行汉语培训教学,分为初级班和中级班 2 个等级的班级进行招生。一般情况下,开设 2 个初级班和 1 个中级班,每年的总学生数在 30—40 人。该校的汉语教师由长期汉语教师和短期汉语教师组成。长期汉语教师有佐拉·埃尔森伊奥娃、苏珊娜·克里洛娃、高雅等斯洛伐克籍教师。短期汉语教师多为考门斯基大学汉学专业兼职授课的在校学生。国立语言学校的汉语课程每班每周 2 次,每次 2 个小时,使用的教材是《新实用汉语课本》。

当然,斯洛伐克的汉语教学肯定少不了孔子学院。2007 年 2 月,在中国国家汉办和斯洛伐克技术大学合作推动下,斯洛伐克布拉迪斯拉发孔子学院于 2007 年 5 月 17 日正式挂牌成立。布拉迪斯拉发孔子学院由天津大学与斯洛伐克技术大学合作举办,是在斯洛伐克建立的第一所孔子学院,目前已经成为斯洛伐克最大的孔子学院和中斯文化交流的重要平台。该孔子学院现下设 2 个孔子课堂,总计 13 个教学点。布拉迪斯拉发孔子学院定位于文化型孔子学院,主要进行汉语教学及中国文化传播,并致力于成为中国与斯洛伐克高校交流的中心与平台。依托这一平台,天津大学与斯洛伐克技术大学牵头建立了"中国与中欧国家科技创新大学联盟",并举办了多场各类文化活动和孔子学院总部"三巡"活动,为推广汉语,传播中华文化,促进中斯人民之间的友谊做出了重要的贡献。

2015 年 12 月 12 日,斯洛伐克考门斯基大学孔子学院揭牌仪式在该校哲学学院大礼堂隆重举行。考门斯基大学孔子学院是由上海对外经贸大学和斯洛伐克考门斯基大学合作共建的。考大孔院在斯洛伐克 4 座重要城市(布拉迪斯拉发、特伦钦、特拉瓦、兹沃伦)分别开设了 12 个汉语教学点,组织过刘震云文学电影交流展映、文化体验日活动、民乐演奏会、中国画展、"汉语桥"世界大学生中文比赛斯洛伐克赛区预选赛等各种文化活动,在汉斯双语语料库研究中做出贡献,并策划了 2019年纪念五四运动一百周年国际学术研讨会,得到全球汉语研究、汉语教学研究、中国文学研究、中国哲学思想研究等方面学者的热烈响应。

最后,再介绍一所开展中斯双语教学的中学——米库拉沙·科瓦察中学。2016 年 10 月,"中斯双语教学试点项目"在斯洛伐克中部城市班斯卡·比斯特里察的米库拉沙·科瓦察中学正式启动。在该中学的 5 年一轮的试点教学中,参加试点项目的学生将分两个阶段完成汉语的学习。在第一学年将主要对学生进行汉语培训,在第二至第五学年,学生除继续学习汉语外,还将用汉语和斯洛伐克语学习数学、物理、化学和生物等课程。项目每年招收 30 名学员。米库拉沙·科瓦察中学校长阿莱娜表示,随着中国经济实力的增强,掌握汉语将成为一项非常具有竞争力的优势。双语教学是斯洛伐克一个很有特色的中学教育类型,在斯洛伐克,以英语、法语、德语、俄语、西班牙语、波兰语等外语进行双语教学的中学已有 40 多所。中斯双语中学受到中国驻斯洛伐克大使馆、斯洛伐克教育主管部门的高度重视,更得到孔子学院总部给予的大力支持与帮助。布拉迪斯拉发孔子学院几年来一直将中斯双语中学的教学视为首要保障项目,在各方面予以最大支持,有半数中方教师曾在该校工作。经过 3 年多的教学实践和探索,该项目已初步建成基础汉语课程、中国文化课程和中学理科汉语课程三大课程体系;已招收 4 个年级 120 名学生,成为斯洛伐克境内学习汉语学生人数最多、课程开设最全、水平最高的教学点。在 2019 年"汉语桥"捷克、斯洛伐克赛区首次增加中学生组比赛,该校学生包揽冠亚军。

针灸扎进斯洛伐克

随着我国"一带一路"倡议的不断推进,中医药作为中华民族传统文化软实力的象征,其国际化进程得到了快速的发展。短短几年时间,中医药已经在沿线多个国家和地区扩大推广。针灸、中药、推拿、太极拳与气功等中医疗法也逐步走向世界。

其实在斯洛伐克,针灸疗法有着悠久的历史。早在 17 世纪,中医针灸就通过丝绸之路传到中东和欧洲。17 世纪 70—80 年代,李时珍《本草纲目》的西传使欧洲大陆对中医药有了初步的认识。中医药教育在欧洲的创办阶段为 18 世纪—20 世纪 40 年代,该阶段各种中医药著作有 50 多种,其中大部分都是关于针灸的著述。到了 20 世纪,中医药得到了捷克斯洛伐克社会的认可,1950 年捷克斯洛伐克成立了捷克斯洛伐克中医学会,自 1960 年以后捷克斯洛伐克医学专业的研究生必须接受 1—3 周的传统医学课程的培训,其中也包括中医、针灸、按摩等项目。

20 世纪 60 年代对于针灸在捷克斯洛伐克的推广具有里程碑式的意义。斯洛伐克早期针灸师罗辛斯克医生从 1958 年就开始使用针灸治疗,并和许多在中国学习过针灸的医生合作,这批对针灸饱含热情的医学早期实践者将针灸运用到临床治疗中,数个针灸诊所在此期间开业运营。关于针灸疗效及机理的研究也开始于这一时期,这些临床实践和研究对于针灸在捷克斯洛伐克的推广具有重要的意义。1973 年,斯洛伐克理疗协会创立了针灸委员会。1979 年,斯洛伐克医疗委员会就已经开始允许针灸进行注册。同时,捷克斯洛伐克卫生部还发布了《针灸施行条例》,为培训具有医师资格证的研究生和设立专业针灸诊所提供了条件。1990 年,捷克斯洛伐克医学会成立了针灸和替代医疗协会,后更名为针灸协会。1992 年,斯秘若拉医生主编了第一本针灸教材——《针灸实用教材》。1993 年,捷克斯洛伐克解体后,针灸医学在斯洛伐克率先取得了合法地位,斯洛伐克卫生部还同时颁布了首个将针灸作为独立医学专业的指导方针。斯洛伐克对于以针灸为主的中医教育,也系统稳步地开展,并较早地使其进入主流医学院校。自 1997 年起,斯洛伐克国立医科大学在理疗系开设了分支学科——针灸学,随后升级为针灸系,并在 2010 年成立中医学院,定期举办针灸医师资格考试,医学院的在校生也可以在大学 5 年期间选择中医课程进行学习。近年,数个培训中心建立并通过斯洛伐克医科大学认可。目前,在斯洛伐克已通过官方认证的针灸培训中心有 9 家。

　　针灸作为医学专业分别在 2012 年和 2017 年通过了斯洛伐克卫生部的认证。为确保培训质量,斯洛伐克要求培训指导教师必须具有针灸专业学位,并完成 4 年中医学习和在中国的实习。虽然针灸作为主要形式在斯洛伐克传播,但为了更系统地学习中医,所有针灸师都要学习中药治疗等相关中医专业知识。而且,为了学到更地道的中医,很多人选择到中国完成最后的实习。为了帮助获得执照者不断提高专业水平,斯洛伐克针灸学会和中医学院合作提供继续教育课程。医学院的在校生也可以在大学 5 年期间选择中医课程进行学习。

　　在斯洛伐克,针灸主要用于治疗肌肉骨骼系统疾病、风湿病、妇科病和皮肤病,相关政策的实施加速了针灸在当地的传播和发展,越来越多的医生有机会接触针灸,斯洛伐克针灸协会也与布拉格的中医药学校、匈牙利的孔子学院、里昂的耳医学法语学校之间有着紧密的合作，使得近千位内科医师都接受过针灸的培训或实践。

近年来，中斯两国在中医教育与相关领域交流不断增加。2009年3月，时任斯洛伐克医科大学校长的扬·斯坦可先生与驻华大使吉格蒙德·贝尔托克先生等人访问中国中医科学院，并签署了合作备忘录，希望从中医药教育及临床应用入手，进行全面的交流合作。2013年4月，南京中医药大学为斯洛伐克短期培训22名学员。2016年9月12日，由斯洛伐克医科大学卫生学院与中国辽宁中医药大学合作创办的中医孔子课堂，在斯洛伐克中部城市班斯卡·比斯特里察正式揭牌。驻斯洛伐克大使在出席揭牌仪式时表示，中医学科凝聚着深邃的哲学智慧和中华民族几千年的健康养生理念及实践经验，是打开中华文明宝库的钥匙。中医孔子课堂，把中西医科学同汉语教学相融合，为斯洛伐克学生了解中国文化开启了一扇新窗口，为增进中斯传统友谊搭起一座新桥梁，是两国人文领域友好交流和务实合作的又一重要成果。这些合作在很大程度上推动了中医药教育在当地的发展，同时促进了双方文化的交流。值得指出的是，在前期合作的基础上，中斯两国政府也积极推进中医药相关交流的开展。2017年9月8日，中国与斯洛伐克、匈牙利、克罗地亚签订了《中医药务实合作协议》，希望通过多边合作，发挥各自优势，发展中医药服务相关产业，保障人民健康。

中药在斯洛伐克的推广受欧盟传统植物药（草药）法案的影响，虽有使用，但并不广泛。欧盟将中药、植物药统称为草药，早在1965年已将其纳入药品注册管理范畴，这在全球植物药监管领域有着极大的影响力。但直至20世纪末期，欧盟各国对植物药的认识都不尽相同，造成其对植物药的管理相对宽松和混乱。许多中药产品,特别是中药材,主要以农产品、食品和膳食补充剂的形式出口到欧盟市场,并未受到严格监管。鉴于这一情况,2004年3月,欧盟颁布了《传统植物药注册程序指令》,对包括中药在内的传统植物药物注册进行了严格规定。该指令要求至2011年4月30日前,所有在欧盟上市的植物性药材产品必须完成该指令注册,并对植物药注册程序、植物药定义、申报材料要求、审批程序等做了详细的规定。出于种种原因,目前,我国只有少数几种中药以药品身份通过欧盟注册获批上市,这使得中药在整个欧洲的发展受到限制。在斯洛伐克首都布拉迪斯拉发,有五六家私人医院或诊所可提供中医药服务,但由于中药治疗并未被纳入医疗保险,费用需患者自负。同时,由于中药的使用需要医生具备系统的中医知识,能灵活运用中药的医生有限,中药的使用与推广受到一定限制。

但可喜的是,在斯洛伐克,已经有一批年轻的医生正在学习、使用、推广中医。斯维科娃医生是名年轻的外科医生,她在工作中发现很多手术后患者存在疼痛及消化功能变差的问题。在寻求解决方法的过程中,她逐渐加入了解、学习、使用与推广针灸和中药的队伍中。

而鲍瑞斯·伊万尼克医生是一名麻醉医生,他从医学院毕业后,直接到中国学习了3年中医并取得了硕士学位。因此他不仅会说流利的中文,对于中药的使用也颇为得心应手。回到斯洛伐克后,他先是在布拉迪斯拉发公立医院开展中医工作,并且得到了主管领导的支持。此后,随着患者的增多,他自己开设了中医诊所,帮助更多人开展中医药治疗。由于有系统、坚实的中医药学基础,他在运用针灸治疗的同时,对中药的运用颇为广泛。在鲍瑞斯·伊万尼克医生的中医诊所内,还开设了现代化的中药房——当地医生在线开具药方,药房即时接收配制。中药房不仅能生产颗粒、丸剂、片剂等便捷的中药制剂，中药煎剂这一传统的中药服用方式，也被当地医生与患者坚守，药房每日代煎汤剂不下百剂。鲍瑞斯·伊万尼克颇为自豪地说，他是斯洛伐克中药推广中年轻的先行者。与目前针灸被世界广为接受不同，中药的使用需要系统、坚实的中医理论基础。但在斯洛伐克，已经有很多医生不仅善针灸，还能用中药，这些"文武双全"的医生，未来在斯洛伐克进一步推广中医药的工作中一定会发挥更大的作用。

除了斯洛伐克本土的科班医生之外，在斯洛伐克传播中医文化的还有来自中国的姑娘。戴文辉声音很柔和，属于那种传统的中国女性的嗓音。那种声音，可以给人带来平静。戴文辉是中国湖南株洲人，10多年来，她在斯洛伐克传播中国的中医、食疗、全息刮痧法、针灸等，让这个中欧国家全面了解中医文化。戴文辉从小就得到家传"扯痧""揪痧""刮痧""拔罐""推拿""熏蒸""针灸"等民间传统疗法的启蒙。后来，她还专门到北京一家职业技能培训学校学习高级中医推拿刮痧。戴文辉后来一直从事中国传统医药推广，并没有想到会走出国门。一次机缘，戴文辉随丈夫来到斯洛伐克。丈夫毕业于布拉格查理大学，是体育教育和运动训练专业的硕士，1973年成为斯洛伐克双人皮艇运动员，夺得过捷克斯洛伐克的青年冠军。因为长期单侧划桨，造成颈椎有严重问题。医生从X线影像诊断，有瘫痪的可能，建议停止激烈运动。戴文辉突然想到，丈夫的病情，用中医治疗也许是一个好办法。从那时开始，她和丈夫一起探索如何阻止病情恶化以及如何康复，开始探索用中医进行康复治疗。在她的影响下，丈夫着迷于传统中医。现如今，在斯洛伐克，戴文辉和丈夫一起开办了自己的中医诊所，传播中医文化。

他们的根在浙江

周彦君——在斯洛伐克的浙江青年华侨

说起在斯洛伐克的浙江青年华侨,就不得不提到一个人,那就是斯洛伐克华人青年联合商会的会长周彦君,他本身有着从开店王转型到地产商的传奇经历,又是热爱祖国、热爱家乡的好青年。

初到斯洛伐克,开店先过语言关。2001 年,中国的服装鞋履等商品在斯洛伐克十分畅销,从事相关生意的华人很少,竞争不激烈且市场空间大。"那时候我满脑子想着,如果开一家店赚 10 万元,那开 10 家店就能赚 100 万元,绝不能浪费这个黄金时间。"周彦君说。然而,找店面、聘员工、进出货……这些事情都得先过语言关,这让不懂斯洛伐克语的周彦君感到十分为难。在接下来的 3 个月里,周彦君开始恶补斯洛伐克语。为了尽快学好语言,周彦君向店员请教,把发音和词汇记在小本子上,外出时注意多听、多看、多模仿……3 个月后,他已经能与当地人顺畅沟通。"当时我一个人拿着一张地图坐公交车跑了很多城市,但凡看起来规模比较大、人口比较多的城市,我都会停下来去当地的步行街看看。"周彦君说。看到位置不错的空置沿街房,周彦君会想尽办法打听房东的联络方式,把这些店面逐一租下来。"当时斯洛伐克商业街上的人都说,一看见我过来就知道我又要开分店了。"周彦君笑称,不少人开始叫他

"开店王"。17年的时间,从第一家面积仅200平方米、货品只包含服装鞋履的LAGOGO连锁超市,到如今每家分店面积均超过2000平方米、遍及斯洛伐克20多个城市、品类覆盖各种日用百货及服装鞋帽的33家LAGOGO超市,周彦君为自己的成绩感到自豪。取得这样的成绩,与周彦君17年间一次次经营战略的调整不无关系。2010年,店铺业绩出现下滑,所有分店流水都出现不同程度的收缩。周彦君分析原因后发现,店内商品以服装和鞋为主,品类相对单一,随着类似店铺逐渐增多,自己店铺所售商品在质量、价格等方面已无明显竞争优势。意识到问题所在后,周彦君决定扩大店面规模、丰富产品种类,以谋求更大的生存空间。经过一番调整,店铺业绩于2013—2014年间迅速回升,生意重回扩张轨道。在商店生意蒸蒸日上的时候,周彦君又对自己提出了新要求,他想买下店铺,将占月利润10%—20%的房租成本转化为利润。为此,周彦君于2013—2017年之间筹措500万欧元收购了当地的5个综合百货商场。他将一楼、二楼打造成商铺,其他楼层用来出租。目睹近几年斯洛伐克的"地产热",周彦君又开始向斯洛伐克的房地产领域进军。决定先从家装建材生意做起,通过家装建材逐步接触到房地产商和政府相关部门,为逐步进军到房地产领域做好准备。在扩展商业版图的同时,2017年,周彦君成立了斯洛伐克华人青年联合商会并出任会长。商会成立的初衷是加强当地华人在生意上的信息沟通,同时为中斯两国文化与经济交流发挥桥梁作用,目前会员多为在斯洛伐克从事商品贸易及餐饮行业的浙江"侨二代"。

周彦君带领斯洛伐克华人青年掀起学习中共十九大精神热潮。2018年2月4日,由浙江青年华侨组成的斯洛伐克华人青年联合商会,在布拉迪斯拉发举行深入学习宣传贯彻党的十九大精神研讨会,中国驻斯洛伐克大使馆领事部主任郑昕也应邀出席。为了更好地学习十九大精神,斯洛伐克华人青年联合商会还专门成立了"十九大学习小组",通过举办学习研讨会、学习组微信群等形式,把十九大精神学习好、宣传好、落实好,积极发挥商会的独特优势,努力在斯洛伐克华侨青年当中掀起一轮学习宣传十九大精神的热潮。会长周彦君谈到对十九大的感想时表示,学习宣传党的十九大精神是旅斯侨胞接下来的一项重要学习任务,商会将充分领会党的十九大精神,发挥地域优势,有效利用中欧班列在跨国运输上的便利性与时效性,积极参与中国创新发展,将自身事业发展与祖国发展有机结合起来,让旅斯侨胞把生意做得更好。同时,青年华侨要时刻铭记自己是中国人,根在中国,实现中华民族的伟大复兴不仅仅是国内同胞的使命,也是广大海外侨胞的光荣使命,海外侨胞与祖国家乡同繁荣共进步。

身在海外不忘学习"浙西南革命精神"。2019 年 7 月 13 日,斯洛伐克华人青年联合商会在首都布拉迪斯拉发召开践行"浙西南革命精神"学习座谈会,商会全体骨干成员参加。商会理事长金斌峰深入浅出地解读了"忠诚使命、求是挺进、植根人民"的内涵,加深大家对"浙西南革命精神"的理解。现场还播放了丽水市委书记在"浙西南革命精神"研究成果新闻发布会上的讲话视频,帮助大家深入了解"浙西南革命精神"内涵。通过学习,会长周彦君深有感触,他表示,身为浙江丽水人,丽水是浙西南乃至华东地区重要的生态屏障,是一座底蕴深厚的文化名城,更是一方有着光辉革命历史的红色热土。许多华侨华人自 20 世纪 90 年代初便陆续漂洋过海来斯洛伐克经商和就业,自强不息,努力奋斗,取得了不同程度的发展。除了吃苦耐劳、勇于创新外,也离不开祖国这一坚强后盾。商会其他成员也纷纷表示,虽然身在海外,但心永远是中国心,身体里永远流淌着中国人的血,在斯洛伐克的华人青年一定"不忘初心,牢记使命",深刻学习领会和践行"浙西南革命精神",热爱祖国,热爱人民,热爱家乡。

感话建党百年。正值庆祝建党 100 周年之际,周彦君深情地说:"没有共产党就没有新中国! 中国共产党成立 100 周年来,广大党员始终坚定理想信念,全心全意为人民谋幸福。前不久刚离开我们的袁隆平院士,用尽毕生精力,为子孙后代造福。新冠疫情初,我们的祖国是重灾区,身在海外的华侨纷纷捐款捐物,身在一线的党员们奋力和病毒抗争,全球华人无论在国内还是海外,众志成城,共克时艰。在以习近平同志为核心的党中央强有力的正确领导下,我国从全世界第一个公布疫情暴发到第一个全面有效控制疫情,是极为不易的,是振奋人心的。我们用实际行动向全世界展现了伟大的中国共产党、伟大的中国人民、伟大的社会主义核心价值观。作为青田籍华侨,我深深地感受到了政府的给力,'全球通'平台让我们海外侨胞实现了'无时差,跑零次'的青田效率,我们商会很荣幸地被聘为青田'双招双引全球联盟'工作站。我们希望通过工作站向世界各国宣传,讲好青田故事,向世界展示青田。"

结对帮扶,助力乡村振兴。浙江青田县有"百个侨团结百村,助力乡村振兴"的活动与传统。2018 年 11 月,斯洛伐克华人青年联合商会与青田县船寮村结对,周彦君向船寮村捐赠了10 万元。谈到此次结对帮扶的初衷,周彦君表示,自己是土生土长的船寮人,商会及自己有现在的成就离不开家乡的哺育,也得益于祖国的日益强大,所以商会和自己一直想为家乡做点力所能及的事情。同时,周彦君也希望通过这次捐赠带动其他斯洛伐克的青年华侨一起为家乡建设出一份力。

捐助家乡,同时也帮助第二故乡。2019 年 12 月 6 日,斯洛伐克普雷绍夫市发生了 8 死 40 伤的重大煤气爆炸事件,成为近年来斯洛伐克最重大的爆炸事故。得知消息后,斯洛伐克华人青年联合商会会员们感同身受,希望通过社团优势,为灾民提供便利、集约的服务,并于 12 月 22 日向旅斯侨胞、商会会员发出为期一周的募捐号召。募捐通告一经发出,立刻得到大家的积极响应,众多旅斯华人华侨第一时间通过各种渠道捐款、捐物,并纷纷表示:斯洛伐克是我们的第二故乡,我们在这个时刻应该和斯洛伐克人民同心同德、携手克难! 12 月 30 日,周彦君带领斯洛伐克华人青年联合商会部分会员,驾车前往爆炸现场献花及默哀。随后,一行人来到普雷绍夫市市政大厅,得到市长安德烈亚·图尔卡诺娃(Andrea Turcanova)亲自接见。周彦君说:"我们广大旅斯华人青年虽然平时总是默默无闻地工作,但我们一直很关心斯洛伐克社会发生的任何事情,因为这里是我们的第二故乡。今天我带来大家的爱心,希望可以帮到灾民。"市长首先代表广大市民感谢华人的爱心,并表示市政府一定会在社会各界的帮助下,让灾民早日重返家园,同时表示旅斯华人平时勤劳友善,也很受斯洛伐克人的尊重和喜欢。

陈关茂——在斯洛伐克打造国际商贸城

改革开放 40 多年,义乌锻造了"莫名其妙、无中生有、点石成金"的发展奇迹,成为"买全球、卖全球"的世界超市,在追梦逐浪的奋斗过程中成就了无数耀眼的创业人物,闻名于乡里,为大家所津津乐道,斯洛伐克金城国际商贸城总裁陈关茂就是其中一位。

陈关茂 1963 年出生于义乌,是斯洛伐克侨商。现任斯洛伐克金城国际商贸城总裁、斯洛伐克华侨华人商会会长、斯洛伐克华侨华人联合会副会长、斯洛伐克华侨华人商会会长团主席等。2007年,陈关茂投资3亿元,在斯洛伐克首都布拉迪斯拉发购买土地,建造了4万平方米的集物流、仓储、商贸、办公于一体的金城国际商贸城。商贸城主要销售从义乌市场采购的鞋袜、电器、文具、建材等小商品以及大华、海康威视等的安防产品,市场辐射欧洲18个国家和地区,年交易额超过100亿元。

20世纪80年代,义乌市场逐渐从内贸向内外贸并重转型,陈关茂所在的大陈镇搭乘改革开放春风,办了很多服装加工厂。当时,大陈镇有500多家服装厂、1000多条流水线,日产衬衫50万件,远销世界各地。那年,20多岁的陈关茂敏锐地捕捉到这一巨大商机,也在这股服装热潮中扑腾下海,办了一家拥有60多名工人的衬衫厂,生意相当不错。那时的陈关茂还是一个年轻小伙子,也没有任何经商办厂的经验,就凭着义乌人骨子和血液里传承的敢闯敢创的精神,有着面对困难不是考虑困难有多难,而是创造条件解决困难的可贵品质,毅然开办服装加工厂。办厂初期,生意一直不错,这跟当时的大环境有关,政府支持,乡里乡亲也相互帮衬。当时,陈关茂也是在摸着石头过河的过程中渐渐学会了管理工厂,学会了经营工厂,这为他后续的创业打下了基础。

到了20世纪90年代初期,操着英语、韩语、阿拉伯语、俄语,摁着计算器算价格的外商已经来到市场进行采购。1993年,陈关茂接到了第一笔外贸订单,这一单也让他付出了沉重代价。当时一家外贸公司带着外商来陈关茂的厂里下单,货值大约40万元。接到这笔外贸订单时,他也犹豫过,因为之前没有做过外贸出口的业务。后来,陈关茂经过与客户交流,再三确认了价格、交货时间、运输渠道、付款方式等事项,工厂才开始赶工生产。陈关茂的工厂加班加点把这批外贸衬衫做好，按照客户要求，发往上海等待装船出口。当陈关茂按照约定日期，前去跟外贸公司结款时，意想不到的事情发生了：外贸公司以各种理由拒绝付款，几经交涉，最终还是没有拿到货款。40万元的货款，这在当时是一笔巨资，如果能顺利结款，或许陈关茂就不会出国闯荡。而现实往往非常残酷，也带来了连锁反应，厂里60多人的工资、供应商的材料费用，成了压倒工厂的最后一根稻草。无奈之下，陈关茂只能盘掉工厂，支付了工人工资和供应商的货款后，便走出去另找机会。

1994年，陈关茂离开义乌，辗转来到哈尔滨、绥芬河口岸等地考察市场，寻觅商机，但是都无功而返。后来，陈关茂又来到北京，通过前期的考察和研判，决定在秀水街和雅宝路市场进行二次创业。来秀水街和雅宝路市场采购的外商，大多来自俄罗斯、保加利亚、捷克等斯拉夫语系国家。为了能获得更多订单，陈关茂还报了斯拉夫语培训班，以便更好地与外商沟通。当时生意很好，陈关茂在北京经商期间赚下了第一桶金，但是好景不长。出于各种原因，当时卢布大幅度贬值，6300卢布才兑换1美金，造成俄罗斯等国家客商无力采购商品，秀水街和雅宝路市场一下子进入萧条期，生意寡淡到让人看不到希望。正当陈关茂万分沮丧的时候，一位在南斯拉夫做生意的朋友打来电话，邀请他去南斯拉夫寻找商机。

1998年，陈关茂背起行囊来到了贝尔格莱德打拼。当时贝尔格莱德是南斯拉夫的首都，当地的经济正在由计划经济向市场经济转变，一时间各种货物在当地奇缺，人们对中国来的日用百货、服装、鞋帽等质优价廉的产品很是青睐。陈关茂在当地租了门面，就把货物全部组柜运了过来，不再局限于只卖义乌的衬衫，也卖五金、玩具、厨房用品等。那时候生意非常好，常常是货还没到,就已经被抢订一空。可惜,战争说来就来,快到无法想象。科索沃战争在南斯拉夫爆发,一下子打乱了陈关茂的生活节奏。

1999 年 5 月,陈关茂又来到欧洲中部的斯洛伐克发展,开始了重新创业之旅。在斯洛伐克首都布拉迪斯发,陈关茂还是做服装批发生意,并陆续从国内采购了 50 万元的小商品,通过海运来到德国汉堡,而后再通过陆路运抵斯洛伐克。陈关茂在布拉迪斯发租下了一个摊位,并将货物赊账卖给当地的华人销售,卖完了再付钱结算。

随着生意的扩大,陈关茂原先租赁的摊位就显得不够用了,于是他就想买一块土地,建造一栋属于他的商贸城。2007年,距离陈关茂摊位只有一街之隔的斯柯达汽车车行土地准备对外出售,陈关茂抓住这次机会斥资 600 万美金,买下了斯柯达车行出售的土地,并在两年的时间里,投资 3 亿元建设金城国际商贸城。金城国际商贸城占地面积为 40000 多平方米,由 6 幢大楼组成。其中,2 幢为五层的办公大楼,另 4 幢是层高 5 米的三层贸易大厦。里面的格局是一层为店铺门面,二层、三层为仓储。如今,金城国际商贸城经销着小商品、鞋袜、建材、电器、文具等多种产品,入驻的经营户有华人,也有斯洛伐克人。陈关茂的金城国际商贸城,为斯洛伐克首都布拉迪斯发城增添了一个中国符号、一道中国风情。

叶芬——斯洛伐克浙江华侨归国办教育

20 世纪 90 年代,叶芬和丈夫离开浙江丽水来到斯洛伐克。刚开始的时候,他们摆过地摊,做过食品生意,还开过餐厅。在斯洛伐克生活了多年后,叶芬夫妇发现斯洛伐克是个重工业国家,轻纺业很少,所以他们就瞄准了经营百货的生意,最后凭借百货生意赚到了在国外的第一桶金。赚了钱之后的叶芬想起了父辈们的嘱托"富裕了就该为家乡做些好事",于是,1999年,叶芬全家从斯洛伐克回到了家乡浙江丽水。

当时丽水房价一路上行,很多商业同行纷纷转战房地产业,叶芬却选择了投资办教育,开始了她的民办教育之路。回到家乡后,她最初的想法是创办一所幼儿园,刚好碰到莲都外国语学校怡景校区在招投标。当时丽水民办教育尚未步入正轨,没有投资者前来竞争,叶芬顺利竞拍成功,成立了丽水梦翔教育发展有限公司。她后来回忆说:"当初我想丽水是著名的侨乡,应该有一所能满足华侨子女入学需求的民办学校。"

莲都外国语学校从2000年最初建校的16个班级,慢慢发展壮大到如今拥有包括幼儿、特色、小学、初中在内的130多个班级,在校生超过5000名。同时学校的教育水平不断提升,先后获得国家级外语实验基地、浙江省九年制标准化一类学校等20多项荣誉。叶芬个人也荣获2014年"丽水市教育年度人物奖"和"2014年度中国儿童慈善奖突出贡献奖"。学校在稳步发展,但离叶芬的梦想还有差距,她说改革开放40多年以来,家乡丽水民办教育从无到有,从弱到强,但大部分学校以成绩为第一标杆,她希望孩子们能从学习中获得真正的快乐,树立属于自己的价值观。

陈青松——温州人在斯洛伐克

20世纪90年代,随着中国改革开放的步伐加快,一拨又一拨温州人走出国门寻求发展,年轻的陈青松和许许多多的温州人一样,怀揣着对外部世界的好奇与渴望,以及对自己未来的憧憬与愿望,决定到欧洲闯一闯。

陈青松年轻时在温州干事业,回忆起来也曾经是辉煌的一页。20 世纪 90 年代初,他主要经营长城电扇、电冰箱的配套设施,成为外商供应商。凭借着诚信,再加上勤劳肯干,算得上是当时"先富"的一批。随后,他把握市场动向,干起了无线电配件生意,成立了宏盛实业公司,在当时来说这是一个新兴的行业,涉及的人并不多,公司年产值达到了千万。当时许多朋友都出去做起了国际贸易,聚会谈天说地都是对外贸易的话题。改革开放后,对外政策十分好,面对这样的形式和环境,陈青松有了去海外闯荡的念头。年轻的陈青松就想要放手一搏,既然决定了就要做得干脆。所以,他忍痛割爱,把自己蒸蒸日上的公司转给了别人,打算出国闯一闯。转手公司,为的是不给自己留下退路。

1999 年,陈青松背着行囊、带着现金来到了斯洛伐克。这是一个年轻的中欧国家,一片对于中国人来说较为陌生的土地。一条条宽阔的大街,一排排欧式建筑,在陈青松看来,这是新的起点。其实,在正式"备战"海外市场的时候,陈青松已经对斯洛伐克进行了一个月的考察。虽不能说信心十足,但是大致梦想蓝图已经在脑海里规划好。中国人向来讲究天时地利人和,在海外考察时,陈青松看准了斯洛伐克地处中欧的地利之便会给这里的经济贸易带来不少优势。天时之利,可以说全赖这一时期的国际大环境和斯洛伐克的政治改革、经济开放造就了巨大的商机。人和之说,就是温商的精明头脑有了施展本领的舞台。为何选择斯洛伐克?陈青松表示意大利、西班牙等国家华侨华人已经聚集,对于后出来的商人来说已经没有了优势。斯洛伐克等中欧国家正处于欣欣向荣的发展时期,充满发展潜力。

陈青松记得自己刚到斯洛伐克时的情景。货柜中装着中国的鞋子、衣服等,他也不知道到底什么才能在斯洛伐克的市场上畅销,他只能像赌博一样用自己的直觉去采购商品。货柜未到,人已经早早在欧洲等待。这样的等待是焦急的,因为5个集装箱货柜压着他的全部身家。幸好,老天总是眷顾着好人,在朋友的帮助下,甚至是朋友的朋友的牵线下,他顺利地等到了漂洋过海的5个集装箱。在批发散货过程中也遇到了许多困难,其中最让他苦恼的是语言,当时的手机功能并没有现在这么强大,跟当地人交流简直就是"鸡同鸭讲"。他说,当时的想法就是尽早销售完所有货品,回笼资金,哪怕是亏本一半也愿意。在陈青松的不懈努力下,最后一核算,没有亏本反而略有盈余,这让他雀跃不已。两个月的胆战心惊后终于可以长长地舒一口气。第一批集装箱,货到及时出手,初战告捷。陈青松抓住时机,又赶紧发出第二批集装箱,鸟枪换大炮,尝到了贸易批发的"甜头"。随着时间的推移,陈青松学会了在城市中乘坐公交车、出租车等公共交通工具,逐渐对这个陌生的城市有了许多好感,不再惧怕和担心以后的路。他开始观察市场,再进行针对性的进货,除了原有的服装、鞋子,小百货也成为他的采购目标。很快,300多平方米的批发市场就在他的规划中如期展现在眼前。2003年,陈青松走出了斯洛伐克,在意大利罗马开办了贸易公司。2004年,他在乌克兰奥德赛开了门店。2005年,他在波兰开了门店。随着越来越多的华侨华人开始涉足贸易,竞争显得更加激烈,于是,陈青松开始选择将一件商品做专做精。他在法国注册了服装商标,按照流行式样在中国生产,贴上法国的品牌,这样产品的档次一下子就提升了,在市场上有了更好的销路。

其实,斯洛伐克的华人不多,从一开始的几十人,发展到今天也不过是三四千人的规模,人员结构相对简单,从早期的以北方人为主,变为今天以浙江人为主。这里的华人,相对来说,从一开始就比较团结,可总结为 8 个字:互相帮助,共同发展。改革开放以来,日益繁荣昌盛的祖国也成为华人华商们坚实的后盾,从而增强了他们的民族自豪感和继续向前发展的信心。从一开始的白手起家,披星戴月、不惧寒暑的小本经营,到今天成规模、成系统的建设商业中心,旅居斯洛伐克的华侨华人开始走向定居创业、稳定发展的阶段,有相当一部分华人已经开始购置房产。除了传统的服装进口与销售以及餐饮业外,很多有实力的华侨华人开始转入诸如房地产、旅游、保健等其他行业。更有很多华侨华人回馈桑梓,为祖国为家乡的建设投入了极大的精力与热情。随着华人在斯洛伐克的逐渐扎根与壮大,原本松散的华人个体开始渐渐地组成了各种互助形式的小组,进而形成影响全斯洛伐克华侨华人的群众性组织。

同心助力——斯洛伐克浙江华侨们助力抗疫

2019 年底突发的新冠肺炎疫情牵动着斯洛伐克浙江华侨华人的心,在斯华侨华人纷纷伸出援助之手,尽自己所能帮助中国疫情防控工作。2020 年 1 月 26 日,中国侨联、浙江省侨联发出号召海内外侨胞为打赢新型冠状病毒肺炎防控阻击战捐赠款物倡议,斯洛伐克各界浙江华侨华人纷纷伸出援手,积极捐款捐物,以各种形式,有钱的出钱,有力的出力,以自己力所能及的方式献出爱心,为抗疫工作全情奉献。

2020 年 2 月 1 日,刚从中国回到斯洛伐克的浙江青田同乡会会长陈志光,住进事先准备好的公寓,自行居家观察 14 天,并于当天下午联合旅斯侨胞林妙榜、叶竹民、陈关茂、罗云标、李京波、季兴敏、倪海青等发出倡议,建立"侨声公益捐款微信群",以自愿的形式,发动旅斯侨胞捐款捐物。广大旅斯侨胞积极响应,一个小时就筹得爱心款 30 多万元。许多春节回国还没返斯的侨胞也纷纷认捐。尤拉伊(Juraj)等斯洛伐克友人也伸出援助之手,参与共同抗击疫情。

当得知中国急需防疫物资时,罗云标、季兴敏、单海晓等通过互联网寻找救援急需的医用口罩和医用手套等相关物品。为使物资符合要求,倪海青、叶竹民、陈关茂、李京波、林妙榜、季兴敏等与相关专业部门联系,并对照各种型号与当地的供货商洽谈,抓住每一个机会,尽最大努力收集采购所需物资。为了争取时间,林妙榜驱车500多千米,将买到的物资运回首都布拉迪斯拉发,以便尽快发到中国。

经过10多天的共同努力,防疫物资已经采购到了一大批。随后又面临了新的困难,由于当时飞往中国的航班基本取消,这些采购到的防疫物资运输、入关、转运碰到了困难。如何及时把买到的防疫物资运到中国是很大的问题,叶竹民、倪海青、季兴敏等多方联系维也纳、布达佩斯等周边国家城市也没能得到结果。后来与浙江省侨联沟通推荐,经驻斯洛伐克大使馆的协调,在荷兰青田同乡会会长舒延平的帮助下,终于落实了运输及报关问题。2月9日,大家连夜把物资统计打包,2月10日上午,租用了2辆货车,斯洛伐克华商会主席陈关茂还亲自开着铲车把3吨多重的物资装上车,雇用4个司机,来回驱车2400多千米,于2月11日把物资运到荷兰阿姆斯特丹机场。

据统计,此次斯洛伐克浙江华侨们捐助给中国的一线医用物品共计一次性医用外科口罩25000只、FFP2/FFP3口罩1200只、医用防护手套400000副、护目镜2900个、手持式额头计温仪900个、医用手术手套2000副等,价值将近70万元。本批物资以浙江省侨联为受捐单位,统一分配浙江、北京等地。该批防疫物资通过荷兰阿姆斯特丹机场的航班运送到中国,其余的华侨捐赠款项通过中国驻斯洛伐克大使馆捐赠国内单位。

　　根据斯洛伐克浙江青田同乡会会长陈志光介绍,此次活动是以旅斯华侨华人名义发起的,为了方便此次捐赠,他们还自发设立斯洛伐克侨声公益服务中心作为服务机构,广泛接收旅斯各界慈善捐赠和国内对接,广大旅斯侨胞都是该中心的爱心大使。斯洛伐克浙江联谊会会长叶竹民表示:"疫情之下,没有谁是局外人。面对祖国疫情防控的严峻形势,每个普通人都应该认清肩负的责任和使命,无论能量大小,都要切实做好自身,家国情怀和责任担当理应是分内之事,我们华人华侨在海外为祖国、为浙江、为家乡、为奋战在抗疫一线的医护人员和工作者贡献自己的微薄之力。"斯中经贸协会会长罗云标也表示,为应对疫情,旅斯侨胞团结一心,发挥自身资源优势,以多种形式支援疫情抗击战。同时,他还倡议斯洛伐克华侨华人加强自身防护,认真学习防控知识,积极落实防护措施,减少不必要外出,做好防护措施。斯中经贸协会常务副会长林妙榜说:"中国的疫情牵动着斯洛伐克侨胞的心,特别是医疗物资紧缺,让我们备感揪心,这次行动显示了斯洛伐克侨胞团结一致、爱国爱乡的优良传统。"斯中体育文化协会会长李京波也表示,支援抗疫,责无旁贷,希望在祖国人民最需要的时候,积极贡献自己的爱心,为抗击疫情贡献力量。

参考文献

[1] 马奥尼.捷克和斯洛伐克史[M].上海:东方出版中心,2013.

[2] 章丽群.斯洛伐克[M].大连:大连海事大学出版社,2018.

[3] 姜琍.斯洛伐克[M].北京:社会科学文献出版社,2010.

[4] 陈新.斯洛伐克看"一带一路"和中国—中东欧国家合作[M].北京:中国社会科学出版社,2019.

[5] 大宝石出版社.走遍全球 捷克 波兰 斯洛伐克[M].北京:中国旅游出版社,2017.

[6] 布兰登 F.R.爱德华兹.斯洛伐克[M].北京:高等教育出版社,2017.

[7] 宋彩萍,巫雪松.中东欧十六国高等教育现状兼论 EQUIS 在中东欧[M].上海:格致出版社,2016.

[8] 曹正文.行走欧洲三十六国[M].上海:上海书店出版社,2015.

[9] 夏林根.旅游目的地概述[M].2版.北京:旅游教育出版社,2008.

[10] 玛丽娜·黑山,梁晨.《红楼梦》与其斯洛伐克语译本的产生历史[J].华西语文学刊,2010(2):52-61,407.

[11] 姜琍."16+1合作"和"一带一路"框架内的中国与斯洛伐克经贸合作[J].欧亚经济,2019(3):58-70,126,128.

[12] 刘进,杨莉."一带一路"沿线国家的高等教育现状与发展

趋势研究(七)——以斯洛伐克为例[J]. 世界教育信息,
2018,31(12):55-58,71.

[13] 赵燕平,何培忠,崔玉军. 当代斯洛伐克的中国研究[J].
国外社会科学,2011(4):55-62.

[14] 王勇. 汉学大师高利克[J]. 国际人才交流,2009(10):28-
29,64.

[15] 王莉莉."中国是斯洛伐克的可靠伙伴"——专访斯洛伐克
共和国驻华大使杜尚·贝拉[J]. 中国对外贸易,2019
(10):34-35.

[16] 杨治宜. 中国情铸五十秋——汉学家高利克访谈录[J].
国际汉学,2007(1):186-196.

[17] 方瑜. 斯洛伐克汉语教学现状调查[D]. 南京:南京师范
大学,2011.

[18] 龚思进. 转型期的东欧国家福利制度研究[D]. 上海:华
东师范大学,2012.

[19] 季岳普. 斯洛伐克华侨华人的发展与现状[C]//国际话语
体系中的海外华文媒体——第六届世界华文传媒论坛论
文集,2011:419-422.

[20] LISA D. Czech & Slovak Republics [M]. Lonely Planet
Publications, 5th Revised Edition Publication, 2007.

[21] ZUZANA V,JURAJ K,MIROSLAV L. Case study of
improvement schemes of public housing in the Slovak
Republic[J]. Facilities,2007,25(3/4):157-162.

[22] LUCIA M K, ZUZANA Ž. What is the value of foreign
work experience for young return migrants? [J].
International Journal of Manpower,2018,39(1):71-92.

[23] MARTIN P, JÁN B. In the centre, but still on the

periphery[J]. International Journal of Social Economics, 2017,44(11):1539-1558.

[24] VITKOVIČ M. Quasi-effectivegovernance: Slovakmass privatization 1991-1996 [J]. Journal of Economic Studies,2003,30 (3/4):294-350.

[25] PAUL D L. The hare and the tortoise of former Czechoslovakia: reform and enterprise in the Czech and Slovak Republics[J]. European Business Review, 2000, 12(6):337-344.

[26] BORSEKOVÁ K. From Tourism Space to a Unique Tourism Place through a Conceptual Approach to Building a Competitive Advantage[J]. Marketing Places and Spaces, 2015:155-172.

[27] NEIL O. Focus on Slovakia [J]. Training, 2018, 55 (2):20.